Bauwelt Fundamente 68

Herausgegeben von Ulrich Conrads
unter Mitarbeit von Peter Neitzke

Beirat:
Gerd Albers
Hansmartin Bruckmann
Lucius Burckhardt
Gerhard Fehl
Herbert Hübner
Julius Posener
Thomas Sieverts

Christoph Hackelsberger

Plädoyer für eine Befreiung des Wohnens aus den Zwängen sinnloser Perfektion

2. Auflage

Friedr. Vieweg & Sohn   Braunschweig/Wiesbaden

CIP-Kurztitelaufnahme der Deutschen Bibliothek

Hackelsberger, Christoph:
Plädoyer für eine Befreiung des Wohnens aus
den Zwängen sinnloser Perfektion/Christoph
Hackelsberger. — 2. Aufl. — Braunschweig;
Wiesbaden: Vieweg, 1985.
  (Bauwelt-Fundamente; 68)
  ISBN 3-528-18768-9

NE: GT

1. Auflage 1983
2. Auflage 1985

© Friedr. Vieweg & Sohn Verlagsgesellschaft mbH, Braunschweig 1985
Umschlagentwurf: Helmut Lortz
Umschlagseite 1: Foto: Andreas Hempel, Vordach über Haustür in Gaedekaret/Dänemark
Umschlagseite 4: Foto: Ralph und Doris Thut, Wohnhaus für sechs Familien in
München-Perlach, Blick auf die Terrasse
Satz: C. W. Niemeyer, Hameln
Druck und buchbinderische Verarbeitung: Lengericher Handelsdruckerei, Lengerich
Printed in Germany

ISBN 3-528-18768-9

Inhalt

Einige Gedanken zu Beginn *7*

1 Ein Blick zurück *11*

2 Hindernisse, Ungereimtheiten sowie gesellschaftliche Fehlleistungen und deren politische und planerische Folgen *37*

3 Ein recht alltägliches Beispiel landläufiger Planungshandhabung auf polit-ökonomischer Grundlage sowie einige gänzlich zivile Überlegungen zu Angemessenheit und Vernünftigkeit im planerischen Bereich *45*

4 Gedanken zur Lebensferne des Rechts- und Verordnungsstaates *55*

5 Selbstbau als wirtschaftliche Möglichkeit und Gelegenheit zu kreativer Selbstverwirklichung *103*

6 Wo bleibt die Architektur? *113*

Ausgewählte Literaturhinweise *117*

Abbildungsquellen *118*

Nachwort zur zweiten Auflage *119*

Foto: Erika Sulzer-Kleinemeyer

Einige Gedanken zu Beginn

Eine überaus merkwürdige Konstellation bringt uns heute dazu, intensiv über die Wohnverhältnisse des Menschen unserer Überflußgesellschaft nachzudenken. Es gibt zwar viele wohlformulierte Überlegungen zum Wohnen insgesamt und zur gegenwärtigen Wohnsituation insbesondere; sie haben indes den Nachteil, niemals radikal zu sein, sondern sich immer nur in Detailbereichen zu bewegen. Seit Sokrates aber ist Infragestellung die einzige Möglichkeit, die Grenzen des Nichtwissens, Nichterkennens zu verschieben.

Dies Buch soll, getreu dem Vorbild dieses oft mißdeuteten Meisters des europäischen Denkens, dazu ermutigen, all das, was als gesichert und fest erscheint, in Frage zu stellen. Hier wird nicht „hinterfragt", sondern geradeaus gefragt – eine ehrliche Methode zur Gewinnung der jeweils relativen Wahrheit, wie ich meine. Wir alle sollten es – um beim Sokratischen Beispiel zu bleiben – vorziehen, den Schierlingsbecher zu trinken, statt uns mit den aus Gedankenfaulheit, Verantwortungslosigkeit und Eitelkeit so gewordenen Verhältnissen unter Anbringung von Detailretuschen abzufinden.

„Vita militare", das Leben ist ein Kampf, sagte mir – ich war damals dreizehn, und der Zweite Weltkrieg ging sichtlich seinem Ende entgegen – ein gescheiter Mann, der mit den Mächtigen jener Jahre gar nichts im Sinn hatte, und er hatte recht. Auch für solche Architekten, die sich nicht als eingefügte und angepaßte Geschäftsleute verstehen, bedeutet ihre Tätigkeit ständigen Kampf um Verbesserung menschlicher Bedingungen.

Architekten sind keine Intellektuellen. Sie arbeiten praktisch, von Fall zu Fall fehlbar. Das sollte sie aber nicht daran hindern, jeden einzelnen Schritt zu überlegen, in Frage zu stellen und nur dann voranzuschreiten, wenn sie davon überzeugt sein können, damit ihren Nächsten zu dienen. Architekten

haben viele Nächste, das sollten sie sich klarmachen, und das bedeutet –
fernab all ihrer wohltönenden Satzungen und Programme – eine sehr
ernsthafte Bindung. Das christliche „Liebe deinen Nächsten wie dich
selbst!" heißt für Architekten, frei übersetzt, nichts anderes als „Mute dem,
der in deinen Werken leben muß, der dir beinahe ausgeliefert ist, nichts zu,
was du nicht selbst für dich akzeptieren würdest, wenn du all den ideologischen Unsinn abgelegt hast, mit dem du deine Arbeiten immer wieder
garnierst, um vom Einzelnen ins Allgemeine zu kommen".
Ist Bauen eine Angelegenheit des gesunden Menschenverstandes? Gewiß
auch, aber auch eine des Nachdenkens über die Bedingungen anderer, des
Erspürens ihrer Neigungen, Träume und vor allem ihrer Ängste. Ist somit
etwa klar, wie sich ein Architekt, Verhältnisse in Frage stellend, für seine
Mitmenschen einsetzen sollte, so wäre nun einiges über die Ungereimtheit
unserer heutigen Verhältnisse, was das Wohnen anlangt, zu sagen.
Wir stehen gerade hier in der Bundesrepublik vor dem Phänomen, daß
unsere Gesellschaft, eine der produktivsten und Überfluß erzeugenden der
Welt, es nicht fertigbringt, in den Bereichen des Wohnens Überfluß oder
auch nur Mangelfreiheit zu erzeugen. Dies hat einige wesentliche, in unseren
Anschauungen und Verhaltensweisen begründete Ursachen. Wir legen in
steigendem Maße ein Konsumverhalten an den Tag, dem wir unsere wirtschaftlichen Fortschritte überhaupt erst verdanken. Der Produktions-
Konsumtions-Zyklus ist zwar bei genauer Betrachtung keineswegs ein
geschlossenes System; er bedarf ständiger Zufuhr und nutzt relativ rücksichtslos das Gefälle zwischen unserer und anderen, weniger begüterten
bzw. einseitig orientierten Volkswirtschaften aus. Für uns hier funktioniert
die ganze Maschinerie aber, oberflächlich betrachtet, vorerst gut und verbreitet Überfülle sowie, trotz gewisser Einbrüche, hinreichende Beschäftigung. Der Verschleiß ist programmiert; Wechsel, Obsoleszenz sind eingeplant und systemerhaltend. Eine Ausnahme in diesem Wohlstand verbreitenden Regelkreis bildet die Errichtung von Wohnmöglichkeiten. Einfamilienhäuser und Wohnungen sind bei uns keine Konsumgüter, sondern
nach wie vor Investitionsgüter. Hier geplanten Verschleiß und Veralterung
einzuführen, ist aus verschiedenen Gründen bislang nicht gelungen. Wir
denken nach alten, bewährten Mustern, vor allem als Investoren. Wir sind
noch geprägt von den großen Eindrücken der Wanderungen und Landnahmen. Die letzte „Völkerwanderung" (nach 1945) hat diesen Drang zur
dauerhaften Seßhaftigkeit nur verstärkt. Unsere Errungenschaft ist die feste
Investition des Hauses, der Wohnung. Wir denken in Kategorien der Dauer,
die Bauwerke uns gewährleisten, so als würden wir noch, wie dies in

gewisser Weise die überwiegend bäuerliche Bevölkerung bis zum Beginn des 19. Jahrhunderts tat, durch unsere Häuser und in ihnen fortexistieren. Hier liegt einer der konservativsten Bereiche unserer Gesellschaft. Zwar hat in die Wohnbereiche, was Möblierungsmoden, Heimtextilien usw. angeht, der Konsum Einzug gehalten; das Haus, der Wohnraum an sich, ist aber davon nicht betroffen. Dem allgemeinen Wandel, den wir in vielen Bereichen akzeptiert haben, obwohl er uns täglich unheimlicher wird, stellen wir die Kontinuität unserer Wohnfeldvorstellungen entgegen. Mit dem Rücken zur festen (uns überlebenden) Wand meinen wir, den für uns unbegreifbar und unbeherrschbar gewordenen Wechsel besser überleben zu können.

Diese Vorliebe bringt es mit sich, daß die Langzeitinvestition „Wohnbau/ Wohnen" nicht recht in den üblichen Konsumzyklus passen will, was dazu führt, daß hier immer wieder Zwänge und Fehlstellen auftreten und daß wir – gemessen an unserem allgemeinen Reichtum – merkwürdige, beinahe unverständliche Schwierigkeiten haben. Treten aber bei uns und in anderen Gesellschaften derartige Engstellen und Fehlstellen auf, dann neigt man dazu, umfänglich zu regulieren und einzugreifen. Dies geschieht, um Rechtsgleichheit zu garantieren, meist zentral, also sehr fern von den Anlässen, was dann bald zu zwar im Prinzip vernünftigen, in der Praxis aber unsinnigen und unbrauchbaren Ergebnissen führt. So stellen sich Hemmnisse ein, und jeder Eingriff perfektioniert nur die Systeme, unter denen Hemmnisse entstehen. Die Verallgemeinerung der Abhilfemittel ist ein Gerinnungsstoff, dem weder Kommunikation noch Organisation gewachsen sind. Im Klartext: Da Wohnen unserem konsumptiven Verhalten und Wirtschaften nicht angepaßt ist, sondern sich unter investiven, herkömmlichen Gesichtspunkten vollzieht, wurde geregelt und noch einmal geregelt, um Synchronisation samt egalitärer Rechtsgleichheit wenigstens theoretisch zu erzielen. Allumfassende Regelung führt aber zu Starre und Handlungsunfähigkeit.

Angesichts dieser, für eine hochproduktive Gesellschaft eher beschämenden Erstarrung und Unterversorgung soll hier alles, was mit Wohnen zusammenhängt, in Frage gestellt werden, um Wege aufzuzeigen, die ausreichende Wohnversorgung wirtschaftlich ermöglichen. Beginnt man erst einmal zu fragen, so gehört auch das Bezweifeln jenes Märchens dazu, daß heute allen alles zustünde, von Rechts wegen und automatisch. Wir haben die Lektion geliefert bekommen, die wir in der nächsten Zeit sicher werden lernen müssen: Jeglicher Akt menschlichen Handelns, auch der Konsum, hat umfassende Konsequenzen. Dies wird uns zwingen, uns ökonomisch zu verhalten. Unser derzeitiger Konsum beruht ja sichtlich auf dem Ruin anderer. Nur vordergründig gesehen, ist er auch gleichzeitig die Quelle unserer Hilfsmöglichkeit.

Auch unser Wohnen, ein Lebensbereich, in welchem wir uns erfreulicherweise noch immer eher investiv verhalten – noch sträuben wir uns gegen die Spekulation auf raschen Verschleiß und schnellen Umsatz –, findet eigentlich oberhalb unserer Möglichkeiten statt. Dies läßt sich deutlich daran ablesen, daß es uns nicht gelingt, die durch gesellschaftliche Veränderungen hervorgerufenen Wohnbedürfnisse zu befriedigen.

Der zu beschreitende Weg scheint jener der gesellschaftsinternen Entwicklungshilfe zu sein. Wir müssen vom Konsum so viel durch Verzicht abzweigen, daß wir ausreichende Mittel zu ökonomischer Investition erhalten. Dabei bin ich bei dem Begriff angelangt, den ich mit „ästhetischer Ökonomie" bezeichnen möchte. Dies bedeutet nichts anderes, als mit höchstem Einsatz von Intelligenz, Einfühlungsvermögen und Wissen und unter geringstem Einsatz von materiellen Ressourcen ein Optimum an physischem und psychischem Nutzen zu erreichen.

Werden also Wohnungen oder Häuser unter dem Gesichtspunkt „ästhetischer Ökonomie" errichtet, so heißt dies nichts anderes, als mit geringstem Aufwand den weitesten Raum für menschliche Selbstverwirklichung zur Freiheit des Individuums hin zu schaffen. Dies bedarf genauer Durchdringung, Disziplin und Selbstentäußerung. Gerade auf solche Weise ist aber ein Teilbeitrag zu einer für alle nützlichen Stabilisierung und Humanisierung der Gesellschaft zu leisten.

Bauen heute dient, mindestens in den Bereichen des Wohnens, nicht architektonischer Signifikanz oder ästhetischer Prägnanz. Seine wesentliche Aufgabe besteht darin, räumliche Bedingungen zu schaffen, die ein hohes Maß an Selbstverwirklichung und individueller Freiheit zulassen. Diese Forderung entspringt keiner pathetischen „Oh-Mensch-Haltung", sondern der sehr realistischen Einschätzung, daß die ganz kleine Freiheit des Individuums ausgeprägt und wiederum prägend am Anfang stehen muß, wenn nicht Zwang und Unmenschlichkeit den einzelnen zunichte machen sollen. Zur Sicherung dieser kleinen Freiheiten gehört in erster Linie die Ermöglichung geeigneten Wohnens. Ohne Revision vieler eingefahrener Bräuche wird aber das Wohnen nicht frei. Die Mangelsituation wird andauern, verstärkt durch weitere, festschreibende Perfektion, die – im Grunde von allen ungewollt – nur der Absicherung all jener dient, die sich Verantwortung angemaßt haben und nun nicht damit fertig werden.

1 Ein Blick zurück

Vom Wohnen der wenigen und Hausen der Massen
bis hin zu den Versuchen,
dem Recht auf individuelles Wohnen Geltung zu verschaffen

Es wäre sicherlich vermessen, hier eine Geschichte des Wohnens entwickeln zu wollen. Trotzdem läßt sich zeigen, daß wir sehr schnell genügend Beispiele finden, um die Überlegungen zum „einfachen Haus" zu erhärten. Die Motive, die früher zur Suche nach Einfachlösungen geführt haben, waren indes von den Unseren sehr verschieden.* Geht man in diesem Bereich weit zurück, so stellt man fest, daß im hohen Mittelalter nahezu ausnahmslos von *Wohnen* keine Rede sein kann. Man hauste zwar auf mehr oder minder großer Fläche, Wohnen in unserem Sinne kann man den zeitweiligen Aufenthalt in geschlossenen Räumen aber kaum nennen. Erst im 16. Jahrhundert begann die adelig-patrizische Oberschicht Italiens zu wohnen. Anregungen dazu hatten die Humanisten aus der Literatur der Antike herbeigeschafft. Die ersten wahrhaft gehobenen Wohnbauten waren wohl die *ville rustiche*. Hier, für uns ganz im Verborgenen, liegen die Anfänge unserer Wohnvorstellungen.

Es wäre zwar interessant, aber reichlich umwegreich, herauszuarbeiten, wie sich dieses neue Wohnen über England in die ganze zivilisierte westliche Welt verbreitet hat. Fest steht, daß im England des 18. und 19. Jahrhunderts gewohnt wurde wie sonst nirgends auf der Welt. Zuerst wohnte verständlicherweise die Oberschicht, Wohnen war teuer und personalintensiv; die breite Masse war immer noch mehr oder minder untergebracht und hauste im besten Falle auf einem etwas höheren Niveau als in den vorangegangenen Jahrhunderten.

---

* Einschränkend ist anzumerken, daß sich alle unsere Überlegungen auf Mitteleuropa beziehen.

Ende des 18. und bis in die Mitte des 19. Jahrhunderts hatten englische Städte das aufgewiesen, was auch in Deutschland in den achtziger Jahren zum großen Übel wurde, die totale Überbelegung von Wohnung und Behausung, das „overcrowding". Zu Erhöhung der Bodenrendite und vor allem der Mieten wurde die Bautätigkeit gebremst. Dies klingt auch für uns vertraut. Auf einem acre (4046,71 m²) standen in englischen Industriestädten nach einer geschönten Durchschnittszählung bis zu 50 Häuser. Die Baugesetzgebung gestattete die typischen licht- und luftlosen back-to-back-Häuser, die in einigen der Manchester-Industriestädte, nach einer Statistik von 1898, bis zu 60 Prozent aller Wohngebäude ausmachten.

Wo man so in heute kaum mehr vorstellbaren Verhältnissen hauste – es sei denn, man geht in die Ballungsräume der Dritten und Vierten Welt –, lebten 300 Menschen auf einem acre. Wo man im Gegensatz dazu *wohnte*, in Englands Städten, lebten 21 Personen auf einem acre. Diese Zahlen bezogen sich, da aus einer amtlichen Statistik stammend, sicher nicht auf die negativsten Verhältnisse, sondern auf den Durchschnitt.

Die Übelstände waren derartig kraß, daß der Staat den Bau von Kleinwohnungshäusern förderte, neue Baubestimmungen erließ und eine großzügige Baulandparzellierung durchführte. So besserten sich die Verhältnisse zusehends. In Deutschland traten mit einer durch langanhaltende Rückständigkeit gegenüber der ersten Industriemacht der Welt bewirkten Zeitverschiebung die Übel in sehr ähnlicher Form auf.

Die ländliche Bevölkerungsexplosion – nach der Bauernbefreiung nahm die Bevölkerung von 1807 bis 1840 um 50 Prozent zu – brachte über nahezu die Hälfte der in den deutschen Einzelstaaten lebenden Untertanen Armut und Hunger. Hatte die Landbevölkerung, die Anfang des 19. Jahrhunderts noch über 70 Prozent ausmachte, schon kaum jemals in unserem heutigen Sinne gewohnt, so sank das frühere Hausen bald ins krasse Elend ab. Die durch die Bevölkerungsexplosion für rasche Industrialisierung disponible Reservearmee drängte sich in einer früher nie für möglich gehaltenen Weise in den völlig unzureichenden Behausungen des Landes zusammen. Als der erste deutsche Wirtschaftsboom nach zaghaften Anfängen 1850 bis 1857, ausgelöst durch den Krimkrieg und eine Liberalisierung der englischen Zollpolitik, im Deutschen Zollverein wirksam wurde, lief die Industrialisierung heftig an. Die Massen wurden an deren Schauplätze geworfen. Vor allem die Bergbau und Hüttenwesen umfassende Industrie in Preußen, aber auch in anderen deutschen Staaten, entwickelte sich rasch. Zwar gab es nach

1857 eine von Amerika ausgehende Rezession, die Wirtschaft und damit die Arbeitermassen waren aber in Bewegung geraten.*
Man braucht gar nicht ins Detail zu gehen, um sich vorstellen zu können, wie damals die Unterbringungsverhältnisse für die aus einer rein agrarischen, im Verlauf von knapp 50 Jahren in eine industrielle verwandelte Gesellschaft aussahen. Im Gegensatz zu England, wo das einzelne, wenn auch noch so bescheidene Haus als Wohnmöglichkeit vorherrschte, war in Deutschland die Mietskaserne, höchst renditeträchtig und bis zum Überlaufen belastbar, durchgesetzt worden. Entstanden aus den militärischen Massenquartieren der Barockzeit, entsprach sie genau der patriarchalisch-obrigkeitlichen Tendenz des Landes. Gerade in den Großstädten breiteten sich in diesen Quartieren Übelstände aus, die man immer im Auge behalten sollte, wenn man heute von Wohnungsnot spricht. So wurden etwa in Berlin Anfang der neunziger Jahre 20000 Einzimmerwohnungen (sie bestanden, damit keine falschen Vorstellungen aufkommen, aus nichts als einem Raum) gezählt, die mit acht und mehr Personen belegt waren. Schwere gesundheitliche Schäden, soziale Unzufriedenheit und – so liest man in zeitgenössischen Schriften – „moralische Verkommenheit" (so das bürgerliche Urteil) waren die Folgen. Auf dem – buchstäblich so zu nennenden – Nährboden einer im Grunde entwurzelten, kasernierten und dabei unvorstellbar produktiven, indes trotz allem disziplinierten Bevölkerung lebte eine Schicht, die sich ums Wohnen kümmern konnte.
Als Hermann Muthesius seine ministeriell angeordnete Spähreise nach England beendet hatte und die Ausbeute in Form der Publikation „Das Englische Haus" (1904) vor seinen in gehobenen Verhältnissen lebenden Landsleuten ausbreitete, wurde England für diese und aufsteigende Grup-

* Was dies fürs Wohnen bedeutete, mögen einige Zahlen belegen. Die Stadt Essen, zum Beispiel, Sitz der Krupp-Werke, hatte 1850 noch 9000 Einwohner, 1875 waren es bereits 55000. Die Anzahl der Bergleute war in der gleichen Zeit von 12741 im deutschen Zollgebiet bzw. im späteren deutschen Reich auf 83000 gestiegen. 1870, kurz vor der Reichsgründung, hatte Deutschland 41 Millionen Einwohner, 1905 zählte man, allerdings mit der Gebietserweiterung von Elsaß-Lothringen, 63 Millionen. Beredtes Zeugnis über die Explosion der Städte geben einige weitere Zahlen: 1870 zählte man erst acht Städte mit mehr als 100000 Einwohnern. 1905 waren es 41 geworden. Alle Großstädte waren im Zählzeitraum zwischen 1875 und 1905 geradezu explodiert. Berlin war von 826000 Einwohnern auf 2 Millionen gewachsen, Hamburg von 300000 auf 800000, Düsseldorf von 69000 auf 252000, Nürnberg von 83000 auf 294000 und Mannheim von 39500 auf 162000.

pen zum Maßstab des Wohnens, und bald gingen die Blicke sogar nach Amerika, vor allem dann, wenn von technischer Ausrüstung des Wohnens die Rede war.
Reformer, Architekten beschäftigten sich genau zu jener Zeit zum ersten Mal in der Architekturgeschichte mit der Frage, was an Wohnung nötig sei, um menschenwürdig zu leben. Dabei kamen sie, am bürgerlichen Haus orientiert, zu reduzierten Lösungen, um auch einkommensschwachen Schichten das Wohnen im eigenen Haus zu ermöglichen. Große Bedeutung für diese Überlegungen erlangte auch die Idee, die arbeitende Bevölkerung, die sichtlich destabilisiert war, in Arbeitersiedlungen seßhaft zu machen und dadurch revolutionären Bestrebungen den Boden zu entziehen. Diese Versuche trafen sich dann bald mit den antiurbanen Intentionen der Gartenstadtbewegung.

„Der Kampf gegen die Schädigungen der städtischen Lebens- und Wohnweise wurde jedoch erst dann mit Nachdruck aufgenommen und in weitere Kreise des Volkes getragen, als man erkannte, daß eine merkliche Schwächung der Volkskraft bereits eingetreten und in Zunahme begriffen war.
Es konnte dies an verschiedenen Anzeichen nachgewiesen werden, an der großen Sterblichkeit in den Städten gegenüber der geringen auf dem Lande, an dem Geburtenrückgang und der Stillunfähigkeit der Mütter, an der zunehmenden Militäruntauglichkeit und dem Fortschreiten verderblicher Volkskrankheiten. Für alle diese Anzeichen einer Schwächung der Volkskraft wurden natürlich verschiedene Ursachen verantwortlich gemacht, wie z. B. Alkoholmißbrauch, Geschlechtskrankheiten und anderes. Man kam jedoch immer mehr zu der Erkenntnis, daß eine allen übrigen mit zugrunde liegende Hauptursache die besonderen in den Großstädten herrschenden Zustände bilden, einerseits das nervenzerrüttende Treiben und andererseits die sehr schlechten Wohnverhältnisse, welche man gewöhnlich mit dem Ausdruck ‚Wohnungselend' bezeichnet...
Es mußten aber erst noch wirtschaftliche Beweggründe hinzukommen, um eine Stadtflucht in größerem Umfange und beschleunigtem Maßstabe herbeizuführen, und sie waren es auch zuerst, die unmittelbar Veranlassung zu der Gartenstadtbewegung gegeben haben.
Vor allem ist es die wirtschaftliche Abhängigkeit des Städters von dem Bodenbesitzer und Geldgeber, die infolge der ständig steigenden Bodenpreise und Mieten immer drückender wird und nicht nur ein billiges Wohnen unmöglich macht, sondern auch erschwerend auf alle Gewerbebetriebe wirkt.
Infolgedessen wird es ein immer sehnlicherer Wunsch der Stadtbevölkerung, aus dem drückenden Mietverhältnis herauszukommen und ein, wenn auch noch so kleines, eigenes freies Besitztum zu erwerben.
Da jedoch dieser Wunsch in der Stadt selbst wegen der zu hohen Bodenpreise unerfüllbar ist, wird in Vororten oder im weiteren Umkreis der Stadt Grundbesitz erworben."[1]

Publikationen wie „Die Stadt der Zukunft" von Th. Fritsch und „Tomorrow" von Ebenezer Howard (1899) lösten eine große Bewegung in England und Deutschland aus. Die Gartenstadt Letchworth wurde 1903 gegründet, Hellerau sechs Jahre später; beide haben bis heute andauernde Berühmtheit erlangt.

Wie schon angedeutet, war diesen Bestrebungen die sozial-patriarchalische Innenkolonisation vorausgegangen. Als erste wesentliche Anlage dieser Art gelten die 1886 errichteten Bodelschwinghschen Siedlungen des Arbeiterheims Bethel bei Bielefeld. Eine weitere Variante war eine in den Provinzen Posen und Westpreußen vorgenommene politische, der Eindeutschung jener Gebiete dienende Ostkolonisation.

Es können hier, was die in der Vergangenheit betriebene Wohnermöglichung betrifft, nur Tendenzen beleuchtet werden. Bevor wir den Blick aber nun auf einige aus der Menge der Ereignisse herausgegriffene Beispiele aus verschiedenen Zeiten des ersten Drittels unseres Jahrhunderts lenken, ist noch die eine oder andere grundlegende Feststellung zu machen.

Dieses Buch beschäftigt sich vor allem mit der Reduzierung technischer und räumlicher Überflüssigkeiten und mit der Vereinfachung von Bauweisen. Deshalb scheint es wichtig festzustellen, daß selbst bei sogenannten herrschaftlichen Häusern die technische Ausstattung – im Gegensatz zur räumlichen, die für die gesellschaftliche Repräsentation als nötig erachtet wurde – sehr gering war. Hiervon kann man sich heute noch überzeugen, wenn man sich in Altbauten unveränderte, ehemals gutbürgerliche Wohnungen ansieht. Am besten gehalten haben sich die außerordentlich schlichten WCs. Bäder waren oft überhaupt nicht vorhanden. Ebenso verhielt es sich mit den Küchen. Auch der Aufwand für Beheizung war gering. Die Ofenheizung herrschte lange vor, und wo Zentralheizungen frühzeitig angelegt worden waren, war dies meist aufs einfachste geschehen: Die Heizkörper standen an den Innenwänden, die Rohre der damaligen Schwerkraftheizungen liefen großdimensioniert vor den Wänden. Nicht anders verhielt es sich mit den Beleuchtungsanlagen. Gaslicht fand zwar weitere Verbreitung, wurde aber, aus berechtigter Angst vor Vergiftung, nur in Wohn- und Arbeitsräumen verlegt, während in Schlaf- und Nebenräumen Kerzen und Petroleumlampen bis zur Elektrifizierung als Lichtquellen ausreichen mußten. In ländlichen Bereichen gab es noch bis in die zwanziger Jahre meist keine Elektrizität.

In der Hierarchie des Wohnens – hocharistokratisch-großbürgerlich – gutbürgerlich – spielten, von Ausnahmen abgesehen, die nichtrepräsentativen Räume eine sehr unbedeutende Rolle, sie wurden rein privat genutzt und waren somit als Statussymbole unbrauchbar.

Dieses Prinzip begann man allerdings, vor allem nach der Jahrhundertwende, in sehr reichen (und neureichen) Verhältnissen aufzugeben; nach weitgehender Auflösung der ständischen Gesellschaft am Ende des Ersten Weltkriegs und vor allem während des Nationalsozialismus wuchs die Bedeutung von Badezimmern, WCs und Küchen.
Ein weiteres Moment ist hier wichtig. Es ließe sich geradezu behaupten, daß technischer Wohnluxus in bisher unbeachteten Räumen, der einmal die Fortschrittlichkeit neureicher Gruppen hatte demonstrieren können, in seiner weiteren Verbreitung direkt mit dem Verschwinden des Dienstpersonals zusammenhängt. Die technische Ausrüstung – im Italienischen heißt die elektrische Sparte sehr treffend und bezeichnend „elettrodomestici" – sollte darüber hinweghelfen, daß nunmehr die „Herrschaften" – Hausbesitzer waren früher bis sehr, sehr weit hinunter „Herrschaften" – selbst die Tätigkeit des einst reichlich vorhandenen (und als drittrangig angesehenen) Personals ausüben mußten. Daß man das Fehlen von Personal bestens – und keineswegs billig – ausgeglichen habe und bis an die Zähne ausgerüstet sei, wollte man mehr und mehr vorweisen. Die Industrie, vor allem die Konsumgütersparte, hat sich schnell auf die neue Situation eingestellt und einen riesigen, bestens florierenden Markt geschaffen.
Doch zurück zu den Vereinfachungsbeispielen früherer Jahrzehnte. Heinrich Tessenow, einer der bedeutendsten unter denjenigen Architekten, die sich jemals in unserem Lande mit kleinen Häusern beschäftigt haben, publizierte 1909 den schmalen Band „Der Wohnhausbau". In seinem Vorwort schreibt er:

„Weil mir aber das Schreiben einigermaßen beschwerlich ist, so suchte ich nicht gar zu sehr ins Weite zu kommen, und so beschränkte ich mich darauf, nur über meine Arbeiter- und Kleinbürger-Wohnungen zu schreiben. Das schien mir auch deshalb geraten, weil die meisten Blätter den Kleinwohnungsbau behandeln und weil dieser zweitens eine große Reihe Fragen berührt, die auch für den Wohnhausbau der Leute mit mehr vollem Geldbeutel größte Bedeutung haben. (...) Wenn ich schließlich mit meinen Arbeiten einen großen Haufen ‚olle Kamell'n' präsentiere, so bitte ich, mir das nicht zu verübeln; ich bin der Ansicht, daß uns bei dem Hausbau – ganz besonders heute – mit Besonderheiten eines Einzelnen wenig geholfen wird; der Hausbau erfordert in erster Linie gemeinsames Zusammenarbeiten, und daran fehlt uns heute noch sehr viel, und ich halte es darum für gut, wenn immer noch wieder auf die Selbstverständlichkeiten hingewiesen wird, die schließlich nur in geringstem Maße als Selbstverständlichkeiten leben.
So kam ich dann schließlich dahin, über eine Reihe Kleinigkeiten lang und breit zu schreiben, weil ich davon überzeugt bin, daß es bei unserem heutigen Hausbauen in der Regel an nichts so sehr fehlt als an einer gewissen einfachen, sicheren,

nüchternen usw. Beurteilung der verschiedenen möglichen Einzel-Konstruktionen und Formen.

Im übrigen hoffe ich, daß mein Buch außer bei den Baufachleuten auch bei den Laien freundliche Aufnahme findet; ja, ich habe vielleicht bei dem Entschluß, diese Arbeiten zu publizieren, mehr an die Laien als an die Baufachleute gedacht; es sieht ja auch wirklich so aus, als ob die vielen Einzelfragen über unseren Wohnhausbau so langsam ganz allgemeines Interesse gewinnen, was ja schließlich – der wirklich großen Bedeutung entsprechend, die der Wohnhausbau für die Allgemeinheit hat – ganz natürlich ist."

Dieses Vorwort könnte, in der Intention etwas verändert, auch die in diesem Buch gemachten Überlegungen einleiten. Weiter lesen wir:

„Schließlich ist es aber auch – ganz abgesehen von der ersten niedrig praktischen Aufgabe, die mit dem Hausbau zu lösen ist – ein Unding, mit jedem Haus das besondere Empfinden des einzelnen zum Ausdruck zu bringen; denn es handelt sich hier nicht um die Arbeit eines einzelnen, sondern um die Zusammenarbeit vieler Menschen, und soll dabei etwas Tüchtiges herauskommen, so ist eine gewisse Selbstverständlichkeit in der Arbeit überhaupt und also auch eine gewisse Selbstverständlichkeit der ‚Formen' zu erstreben. ... Ein allgemein gültiges System der Formen und des Stils' für den Wohnhausbau aufzustellen, ist schon wenigstens sehr schwer, und ein solches System durchzuführen, ist uns heute eigentlich eine unlösbare Aufgabe; aber soweit wir heute bei dem Hausbau über das Rein-Praktische hinausgehen, soweit wir ein Mehr an Formen (an Ausdruck?) geben, widersprechen diese Formen doch in der Regel durchaus einem Empfinden, über das wir uns heute als ‚allgemein gültig' einig sind."[2]

Der geringe Aufwand an Raum, mit welchem Tessenow unverwechselbare Wohnlichkeit hervorbrachte, beweist sein Genie und verrät seine große Anteilnahme am Geschick seiner Klienten.

Im folgenden läßt er sich über Fenster, die er aus Kostengründen mit möglichst wenig Sprossen, ganz gegen die Mode der Zeit, wie er sagt, ausrüsten will, über Türen, Fensterläden, Holzfußböden und Fußleisten aus. Alles wird erörtert: Wände, Deckenflächen, Malen, Tapezieren, aber auch Ofenheizung und Möblierung. Besonders interessant erscheint gerade heute wieder die Frage der Raumaufteilung. Er habe, so Tessenow, das Wohnzimmer so eingerichtet, daß man um einen Tisch möglichst bequem sitzen könne, es müsse sich aber auch noch ein Bett aufstellen lassen, wenn nur zwei Schlafräume im Haus vorhanden seien. Hier zeigen sich seine Bestrebungen, auf sehr einfache Weise Flexibilität zu erreichen. Und weiter: Man sei sich nicht immer einig darüber, ob es bei so kleinen Wohnungen richtiger wäre, einen etwas größeren Raum als Koch- und Wohnraum auszubilden,

Heinrich Tessenow:
Vier Arbeiterwohnhäuser als Reihenhäuser, 1909

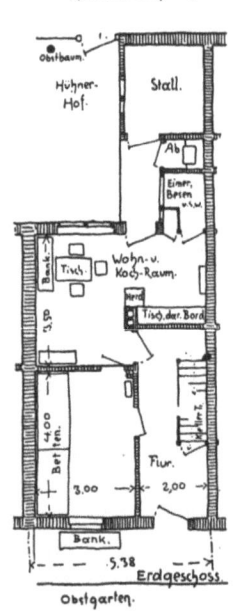
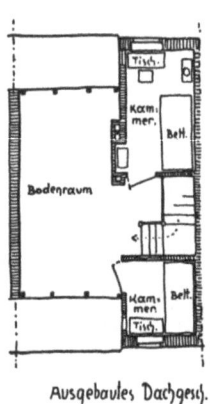

oder ob man besser daran täte, den eigentlichen Kochraum vom Wohnraum zu trennen. Er habe beides versucht und halte die erste Lösung für die bessere. Schlafräume sind bei Tessenow sehr klein und liegen im hohen Dach, was er als wirtschaftlichste Lösung für die Anordnung dieser Räume ansieht. Seine Erwägungen zur Eingeschossigkeit sind geprägt vom Gedanken einer zu groß werdenden Grundstücksbreite. Um diese gering zu halten und damit die Anliegerkosten zu senken, gibt er der Stapelung trotz Treppe den Vorzug.

Tessenows Äußerungen zum Bad für ein kleines Haus mögen im ersten Augenblick beinahe befremdlich anmuten. Sie waren aber zeitbedingt und bis in die frühen fünfziger Jahre des 20. Jahrhunderts auch richtig. (So ergaben zum Beispiel Untersuchungen von MSA-Bergarbeitersiedlungen* in den frühen fünfziger Jahren, daß die Bäder fast durchweg anders genutzt wurden.) Heute wirkt das folgende Zitat kurios; als Marke des zurückgelegten Zivilisationsweges mag es vielleicht auch jetzt noch interessieren.

„Wir müssen schon froh sein, wenn wir Arbeiter- oder Kleinbürger-Wohnungen fertig bringen, die eine geringste, nötigste Anzahl Räume mit geringsten, nötigsten Abmessungen enthalten. Solche Wohnungen lassen dann natürlich auch nur bis zu einem gewissen bescheidenen Maße bequemes Wohnen zu; aber was kann dem Arbeiter eine große, sehr bequeme, sehr schöne Wohnung nutzen, wenn er sie nicht bezahlen kann; es wäre gewiß schön, wenn jede Arbeiterwohnung einen besonderen Baderaum hätte, und sehr viele Arbeiter würden eine solche Einrichtung auch sicher hoch bewerten; aber diesem Arbeiter werden doch heute in seiner kleinen Wohnung noch eine Reihe anderer Bequemlichkeiten wertvoller sein, die er nicht genießen kann, weil es ihm am nötigen Raum fehlt, so daß schließlich ein Baderaum in der Arbeiterwohnung nur *kurze* Zeit auch wirklich Baderaum bleibt. Denn die ganze Lebensweise des Arbeiters legt ihm doch – im allgemeinen wenigstens – eine besondere Körperpflege nicht gerade nahe. Kommt der Arbeiter dahin, daß er ganz allgemein auf das häufige Baden sehr großen Wert legt, so wird es ganz selbstverständlich sein, daß man sucht, jeder solchen kleinen Wohnung noch einen besonderen Baderaum zu geben. Heute wird aber jedenfalls das Badebedürfnis des Arbeiters einfacher, billiger durch die Einrichtung öffentlicher Badeanstalten befriedigt. Ich habe darum auch für die kleinen Wohnungen einen Baderaum nicht vorgesehen."[3]

Betrachtet man die Grundrisse, so fallen die sehr bescheidenen Raumabmessungen sofort ins Auge; man fragt sich, ob nicht auch heute Räume so

---

* MSA Mutual Security Agency aus ERP (European Recovery Programme) geförderte Bergarbeiter-Großsiedlungen in Fortführung der von ECA (Economic Cooperation Administration) begonnenen Bemühungen.

oder ähnlich dimensioniert werden könnten, wenn, wie abzusehen, größere Flächen für weite Kreise unerschwinglich werden. Untersucht man diese bescheidenen, aber durchaus wohnlichen Bauten auf ihren Installationsaufwand hin, so kann man, sieht man einmal von den zahlreichen Rauchzügen ab, das beinahe vollständige Fehlen von Installationen bestaunen. Dafür scheint, wenn auch nicht dargestellt, Vollunterkellerung vorhanden zu sein. Tessenows einfache Häuser sind also, was das Rohbau-Ausbau-Verhältnis angeht, von kaum zu überbietender Wirtschaftlichkeit. Die Zurücknahme unserer heutigen Wohnvorstellungen auf Tessenowsche Maßstäbe würde sich indessen dennoch als vollständig unwirtschaftlich erweisen, da wohl kaum jemand mehr bereit wäre, derartig spartanische Verhältnisse zu akzeptieren.

Hermann Muthesius, seit dem Erscheinen von „Das Englische Haus" die Autorität in Wohnfragen, veröffentliche zwölf Jahre später, 1916 – im zweiten Jahr des Ersten Weltkrieges; in diesem Jahr wurde das Hindenburg-Programm zum totalen Krieg erlassen – ein Buch mit dem Titel „Wie baue ich mein Haus". In der Einleitung heißt es ganz programmatisch, noch heute aktuell:

„Wie baue ich mein Haus? Diese Frage bewegt heute Tausende, die dem Häusermeere der Stadt entfliehen wollen und der nervenzerrüttenden Anspannung des großstädtischen Treibens nicht länger gewachsen zu sein glauben. Statt der Miethauswohnung draußen ein eigenes Häuschen zu besitzen, ist ein verlockender Gedanke. Und die Möglichkeit, ihn zu verwirklichen, scheint gerade heute immer näher zu rücken. Grundstücksgesellschaften senden ihre verführerischen Ankündigungen aus; Zeitschriften und Sonderwerke sind voll von entzückenden Häusern und Häuschen; die Gartenstadt verspricht auch dem Minderbemittelten, mit geringen Kosten ein eigenes Heim mitten in der freien Natur darzubieten. Das erweckt bei vielen Hoffnungen und gibt Wünschen ihr Dasein, die früher als zu kühn erachtet worden wären."[4]

Und wenige Seiten später wird ganz deutlich, wie er sich die Zukunft des Hausbaus vorstellt. Hier wird Muthesius – er muß seine Landsleute sehr genau gekannt haben – beinahe prophetisch:

„Nun muß aber gerade beim Bau des eigenen Hauses das klare Erfassen des Wirklichen vorwalten, wenn unser Haus ein irgendwie vollkommenes Gebilde werden soll.
Das ist um so mehr nötig, als der Krieg in mancher Beziehung verändernd in das wirtschaftliche Leben der Zukunft eingreifen wird. Wir werden uns vielfach einschränken müssen, wir werden einfacher bauen, überflüssige Zimmer weglassen,

unsere Räume vielfach verkleinern, den ganzen Baukörper verringern, den Garten nützlicher gestalten. Da heißt es denn erst recht achtsam sein, daß alle noch irgendwie erreichbaren Vorteile gewahrt werden. Ausführlichste Vorausüberlegung der Anlage, genaue Abwägung jeder Einzelheit, sorgfältigste Planung, beste Ausführung aller Teile bei Wahrung der äußersten Sparsamkeit werden zur unabweisbaren Forderung werden. Denn der Hausbau wird nach dem Kriege nicht ruhen, er wird, darauf deuten alle Anzeichen, nur in um so größerem Umfange wieder aufgenommen werden ... Es ist Hoffnung vorhanden, daß in Zukunft das Natürliche vor dem Gekünstelten, das Einfache vor dem Verwickelten den Vorzug erhalten wird."5

Die dem zitierten Text folgenden eingehenden finanziellen Überlegungen laufen darauf hinaus, daß ein richtig angelegtes Einfamilienhaus im Grunde preiswerter zu bewohnen sei als eine weiträumige großbürgerliche Stadtwohnung. Diese Vergleichsobjekte sind allerdings dergestalt gewählt, daß die Beispiele für Überlegungen zu reduziertem Aufwand wenig hergeben. Interessanter lesen sich hier Erwägungen zum Bau von Reihenhäusern. Zwei Beispiele – das kleinere zu 13 000, das größere zu 40 000 Goldmark – zeigen, was Muthesius für kleinbürgerliche bis bürgerliche Ansprüche als angemessen erachtet. Dies geht schon weit über das hinaus, was Tessenow für erforderlich hält. Man kann daran genau den ständischen Status der präsumptiven Bewohner ermessen.

Auch vier kleine Einfamilienhäuser bezeugen, daß sie nicht für die damaligen Unterschichten, sondern für eine Mittelschicht konzipiert waren, die zwar an Einkommen schwächer war, als es heute weite Bereiche der sogenannten Unterschichten sind, dafür aber durchaus feste bürgerliche Lebensgewohnheiten hatte, die uns – abgesehen davon, daß wir das ganze Gehabe als durchaus gestrig verstehen – schon beinahe als Oberklassenallüren erscheinen. So ist bei zweien dieser Häuser einwandfrei festzustellen, daß sie für Bewirtschaftung durch Personal angelegt sind.

Ausgiebig äußert sich Muthesius über die Möblierung, die er in der Breite als ebenso falsch verstanden empfindet wie wir das, was heute in den meisten Fällen auf diesem Gebiet geschieht. Es wirkt beinahe beruhigend, daß sich seither, trotz vielfältigster Bemühungen, am Ungeschmack des Wohnens im Grunde kaum etwas geändert hat.

Besonders interessant – und hier wird Widerspruch im weiteren Verlauf der Überlegungen entstehen – lesen sich Muthesius' Äußerungen über die Raumfunktionen:

„Gerade für das heutige Haus ist die Zweckmäßigkeit die erste Wesensbedingung. Früher gab es nur Allgemeinzimmer, die Gebrauchsbestimmungen der einzelnen

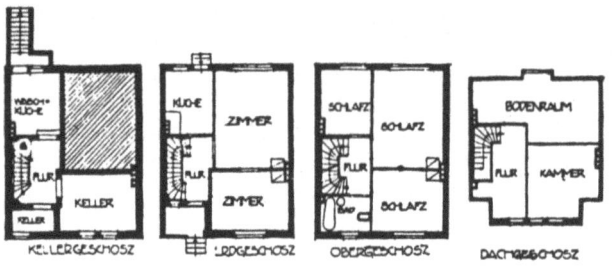

Hermann Muthesius: Kleines Reihenhaus

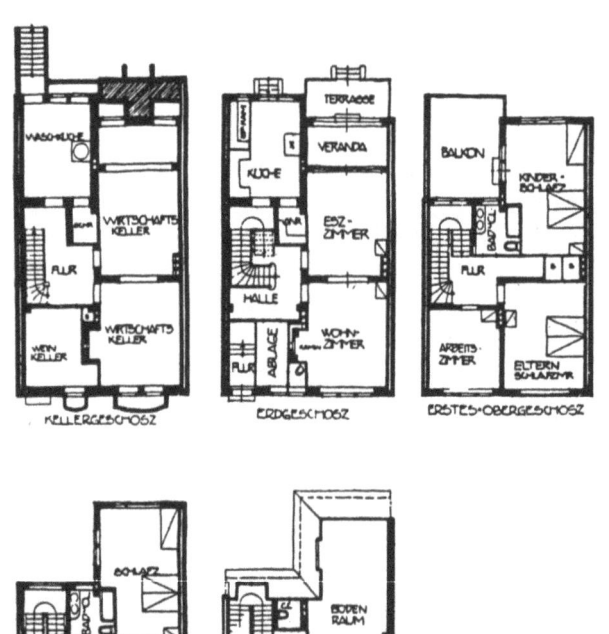

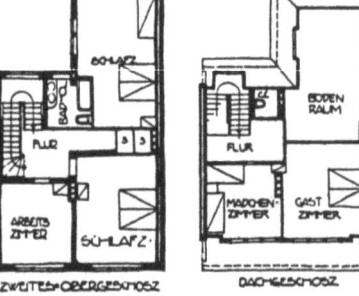

Hermann Muthesius:
Größeres Reihenhaus
mit 2 Obergeschossen
und ausgebautem
Keller- und Dachgeschoß

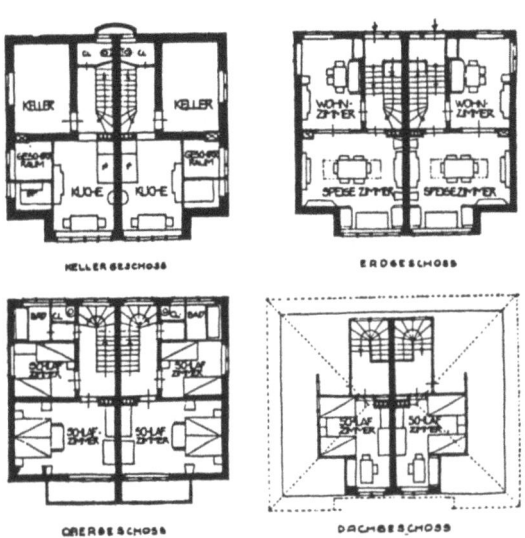

Hermann Muthesius: Kleinere Doppelhäuser

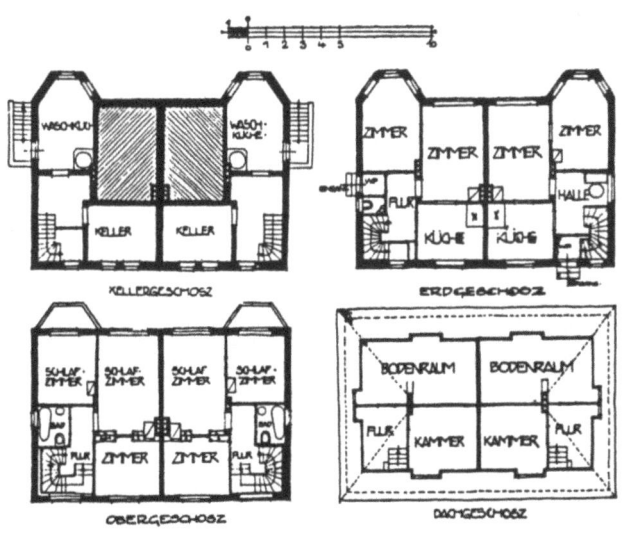

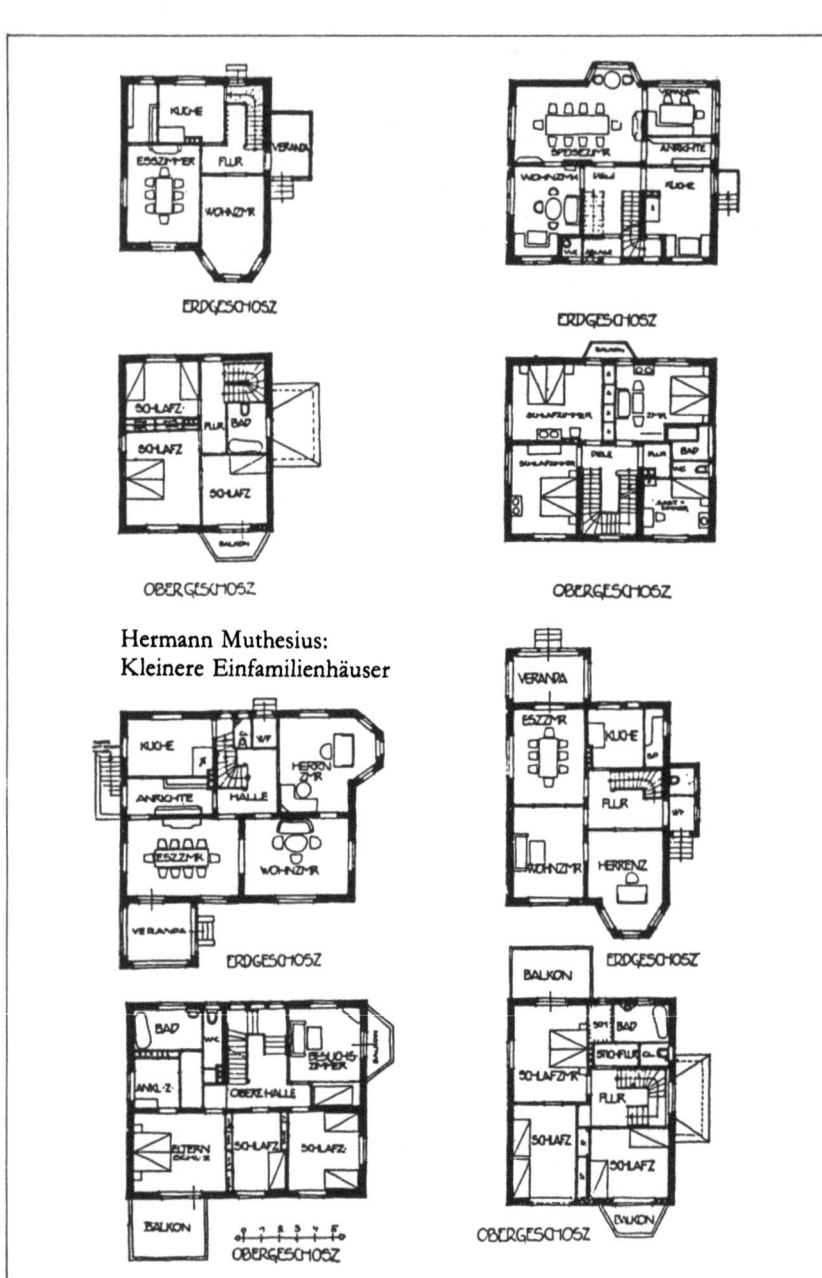

Hermann Muthesius:
Kleinere Einfamilienhäuser

Räume waren noch nicht getrennt. Das Zimmer, in dem man aß, diente auch als Wohnzimmer, jedes Zimmer war gelegentlich Schlafzimmer. Bei der Verzweigung der heutigen Lebensansprüche wäre ein Haus mit Allgemeinzimmern eine fehlerhafte Anlage. Sind solche Zimmer noch in der Mietwohnung üblich, wo sie dem wechselnden Gebrauch der nacheinander einziehenden Mieter gerecht werden müssen, so bleibt im Eigenhause sicher das Eßzimmer ein für allemal das Eßzimmer; das Zimmer des Herrn, das Wohnzimmer, das Musikzimmer, die Schlafzimmer behalten stets ihre ihnen von Anfang an zugeteilte Bestimmung. Daraus folgt aber, daß sie planmäßig und ganz auf ihren Zweck zugeschnitten sein müssen. Ihre Verschiedenheit ist vergleichbar der Mannigfaltigkeit der Anzüge, die wir heute tragen."[6]

Hier liegt mit ein Ausgangspunkt für die fehlende Wohnflexibilität unserer Verhältnisse. Längst hat sich erwiesen, daß die beinahe stupide Raumreihung beliebiger, aber gut bemessener Mietwohnungen der Jahre um 1900 mehr Freiheit zuläßt als der „Maßanzug" (oder sollte man sagen: Anmaßungsanzug), den Architekten ihren Auftraggebern schneidern. Wie sehr Muthesius Mehrfachnutzung ablehnt, macht folgender Absatz klar:

„Das Schlafzimmer ist in noch höherem Maße als das Eßzimmer ein Zimmer für einen Sonderzweck. Es dient heute nur zum Schlafen. Bei ihm läßt sich der schon an anderer Stelle berührte Spaltungsvorgang am klarsten verfolgen, dem die Räume des Hauses bei fortschreitender Entwicklung der Wohnsitte unterliegen. Noch im vornehmen Hause des 18. Jahrhunderts war das Schlafzimmer zugleich Wohnzimmer: bekanntlich empfingen die französischen Weltdamen ihre Gäste im Schlafzimmer (daher der heute noch gebrauchte Ausdruck „lever" für Empfang). Im weiteren Werdegang ist das Zimmer mehr und mehr zu einem Raume geworden, der nur dem persönlichen Gebrauche dient."[7]

Hier herrscht blanke Freude über die künftige Spezialisierung, die – das konnte der große Optimist Muthesius nicht ahnen – dereinst zu solcher Verteuerung führen würde, daß man am Ende der Entwicklung daran denken muß, alle Spezialisierung, den ganzen technischen Wust wieder zu reduzieren, zwar nicht auf Null, aber doch sehr weitgehend.
Besonders kurios – und gar nicht so unlogisch, wie es scheinen möchte, wenn man an die hysterischen Bestrebungen denkt, unsere Fenster luftdicht zu gestalten – lesen sich Erwägungen, ob nicht, weil es den Sog der einzelnen Feuerstätten nach Einbau von Sammelheizungen nicht mehr gebe, der Einbau von Doppelfenstern (in diesem Fall sind Kastenfenster gemeint) zu einer raschen Verderbnis der Luft durch die menschliche Atmung führen müsse. Diese Erwägung führt Muthesius, der Heizungsenergieverluste bei Einfachbefensterung durchaus einsieht, aber frische Luft als Lebensbedürf-

nis verteidigt (dies war damals eine Einsicht, die nur den oberen Klassen offenstand), dazu, für Räume auf der Luvseite der Bauten Doppelfenster vorzuschlagen, ebenso für solche Räume, die von gesundheitlich empfindlichen Personen bewohnt werden, und in Bädern.
Alles in allem zeigt sich, daß es Muthesius mit dem in der Einleitung angedeuteten Gürtel-enger-Schnallen für die Nachkriegszeit nicht ganz ernst war. Er setzte eher auf angemessene Erweiterung der Verhältnisse als auf Straffung. Das Ende des Vorherrschens liberal-bürgerlicher Zustände vorauszusehen, war noch 1917 von einem bürgerlich-preußischen Beamten kaum zu erwarten.
Als Muthesius 1920 ein weiteres Buch zum gleichen Thema – Titel: „Kann ich auch jetzt noch mein Haus bauen?" (Untertitel: „Richtlinien für den wirklich sparsamen Bau des bürgerlichen Einfamilienhauses") – veröffentlichte, hatte er einige neue Erkenntnisse gewonnen. So unterscheidet er jetzt nach notwendigen und entbehrlichen Räumen eines Hauses, findet eine Zusammenlegung des Wohn- und Eßzimmers möglich und sogar eine Wohnküche für den Fall akzeptabel, daß die Hausfrau keine Haushaltshilfe mehr hat.

„Sobald auch nur ein Dienstbote gehalten wird, verbietet sich die Wohnküche. Das Haus mit Wohnküche liegt also außerhalb des Bereichs des Bürgers, der wohl auch in den kleinsten Verhältnissen einen Dienstboten halten wird."[8]

Insgesamt macht Muthesius in seinen neuerlichen Überlegungen im wesentlichen also nur Abstriche vom bürgerlichen Wohnkomfort der Vorkriegszeit. Zeitgeschichtlich am interessantesten sind seine Erwägungen über „Ersatzbaustoffe" und die damit auszuführenden Konstruktionen.*
Die Versuche der Weimarer Zeit, der imperialen, durch den Krieg noch verschärften Wohnungsnot abzuhelfen, sind so intensiv und zahlreich, daß eine auch nur oberflächliche Darstellung den Rahmen dieses Buches sprengen würde.
Wieder begegnen wir Tessenow, der weiter an seinen Kleinhaustypen arbeitet und damit Grundlagen für das einfache Haus schafft, die bis in die sechziger Jahre gültig bleiben. Aber auch die Architekten des Neuen Bauens beschäftigen sich konsequent mit der Entwicklung preiswerten Wohnraums.

* Der Erste Weltkrieg hat ja dem deutschen Wort „Ersatz" seine unheilschwangere Bedeutung und darüber hinaus geradezu internationale Anerkennung verschafft.

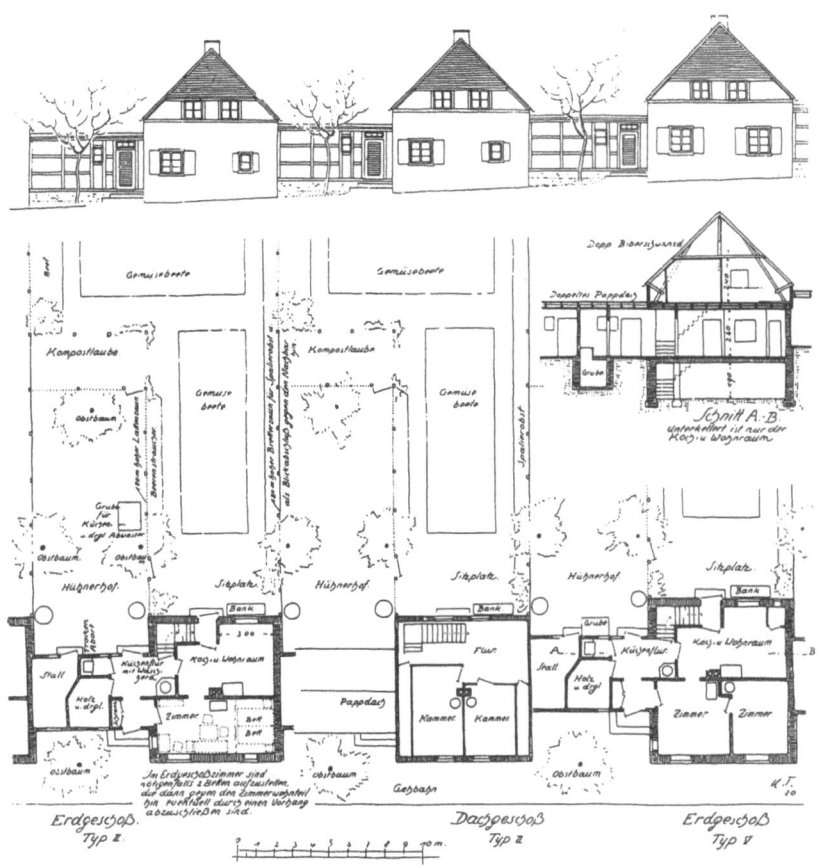

Heinrich Tessenow: Einfamilienhäuser für eine Kleinhaus-Siedlung

Einen interessanten Einblick in diese Arbeit eröffnet eine Publikation der *Reichsforschungs-Gesellschaft für Wirtschaftlichkeit im Bau- und Wohnungswesen* aus dem Jahr 1930.[9] An der Schwelle der damaligen Depression, also in einer Situation, die wir uns heute trotz des anhaltenden Knackens im Wirtschaftsgebälk (und trotz der etwa zwei Millionen Arbeitslosen) kaum vorstellen können, führte ein zusätzliches Wohnungsbauprogramm des Reichsarbeitsministeriums zu einer Veröffentlichung, durch welche die Frage nach der besten Wohnung in der Gegenwart – errichtet mit geringstem Aufwand, zu mäßigsten Kosten vermietbar – beantwortet werden sollte. Man nahm als dringendstes Gebiet zunächst die systematische Untersuchung der Woh-

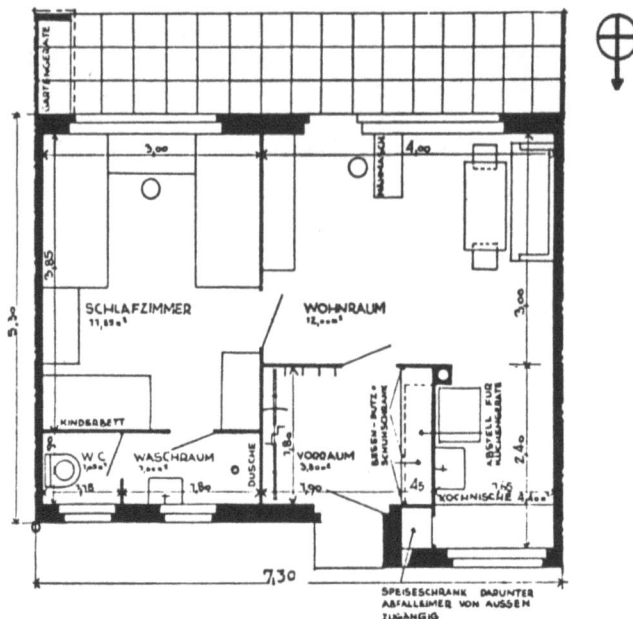

Hans Schumacher: Die wirtschaftlichste Kleinwohnung im treppenlosen Haus. Reihenhaus mit 2½ Betten und – Seite 29 – mit 4½ Betten

nung für die werktätige Bevölkerung in Angriff und stellte als Aufgabe die Ausarbeitung von Vorschlägen für die wirtschaftliche Kleinwohnung im treppenlosen Hause, im Flachbau bis zu 2 Vollgeschossen und im Geschoßbau bis zu 3 und 4 Vollgeschossen.

Dabei band man den ersten Teil der Untersuchungen an die Beachtung der Grundsätze für die Durchführung des zusätzlichen Wohnungsbauprogramms, wobei aber nicht die dort gegebenen Raumgrößen, sondern die Gesamtwohnungsgrößen verbindlich einzuhalten waren. Der zweite Teil war als reine Forschungsarbeit gedacht. Jegliche Bindung an Richtlinien oder gesetzliche Vorschriften entfiel hier. Die Liste der Teilnehmer an dieser Untersuchung weist viele damals schon namhafte, später bedeutende Architektennamen auf.[10]

Besonders interessant erscheinen die Wohnungsversuche für das treppenlose Haus sowie für den zweigeschossigen Flachbau. In Teil 1 der genannten Untersuchung – hier galten die Vorgaben der Wohnungsgrößen – kann man sehen, wie gering die Flächenzumessungen seinerzeit waren. Zwei Erwachsene und ein Kind brachte man auf einer Wohnfläche von insgesamt 34,4

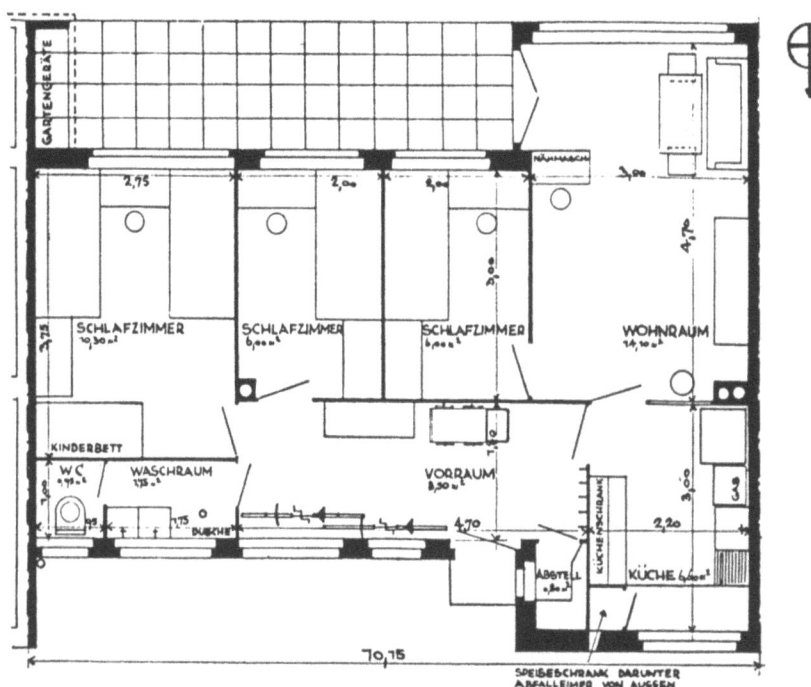

m² bzw. 39 m² unter. Das entspricht 13,66 m² für den erwachsenen Bewohner und 6,88 m² für das Kind und zeigt, daß die Weimarer Republik ihren Arbeitenden 1930 zwar 100 Prozent mehr Fläche zuwies, als heute auf einen Bürger der Volksrepublik China fallen, gemessen an den 45 m² des bundesdeutschen Durchschnitts waren dies aber nur 36 Prozent der Fläche. Diese Relationen stimmen doch sehr nachdenklich und stärken Überlegungen, ob wir nicht – abgesehen von allen technischen Spielereien und Überausstattungen – jetzt viel zu viel Fläche beanspruchen. Ob derart eng genutzte Grundrisse wie die hier gezeigten nicht letztlich unwirtschaftlich im Sinne einer längerfristigen Investition gewesen wären – der Verdacht liegt allzu nahe – soll hier nicht untersucht werden. Wichtig erscheint die Intention, durch Preiswürdigkeit eigenständiges Wohnen zu ermöglichen. Insoweit decken sich die Anlässe der Überlegungen von damals und heute. Erstaunlich ist immerhin, wie es Hans Schumacher, Köln, gelingt, auf einer Nutzfläche (= Wohnfläche) von 55 m² 4,5 Betten – also vier Erwachsene und ein Kind – unterzubringen (12,2 m² pro Erwachsenen, 6,1 m² für das Kind). Bei uns gibt es gar nicht allzu selten nach § 7b errichtete Einfami-

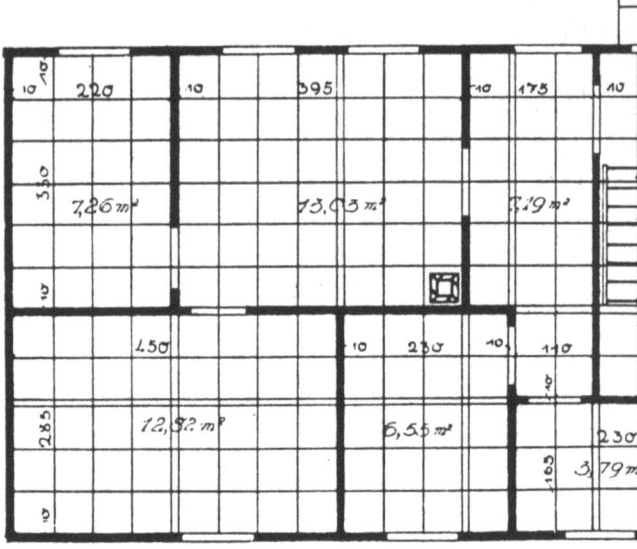

Paul Schmitthenner: Stockwerkswohnungen.
Zwei Wohnungen an einem Podest

lienhäuser, deren Architekten diese Fläche gerade für das abendliche Fernsehen und einen anliegenden Eßplatz ausreichend finden. Die Nutzungen im Geschoß sind entsprechend, ebenso die Raumgrößen. Dies zeigt ein Beispiel von Paul Schmitthenner.
Bei allen Vorschlägen fällt die minimale, für heutige Verhältnisse sicher zu geringe technische Ausrüstung auf. Damals wurde sie nicht vermißt; gemessen an den Wohnverhältnissen, aus denen die späteren Bewohner kamen, war alles sehr vollständig.
In Teil 2 – Vorschläge ohne Bindung – beeindrucken an erster Stelle Hilberseimers Entwürfe für ein nicht unterkellertes erdgeschossiges Haus. Auf 56,5 m² bringt er fünf Personen unter, und das mit Bravour.
Zwar schafft der Grundriß sehr direkte Verhältnisse – ganz unbürgerliche: hinter dem Windfang beginnt der Wohnraum – aber er funktioniert und hätte einer damaligen Arbeiterfamilie, die noch nicht vom zweimaligen Modewechsel im Jahr verstopfte Schränke hatte, bescheidenen Platz, Selbständigkeit und auch Geborgenheit gewährt. Die hohe Spezialisierung der Grundrisse fällt auf. Sie ist ein Zeichen äußerster Raumausnutzung und sollte aus später auszuführenden Gründen kein Vorbild für die heutigen

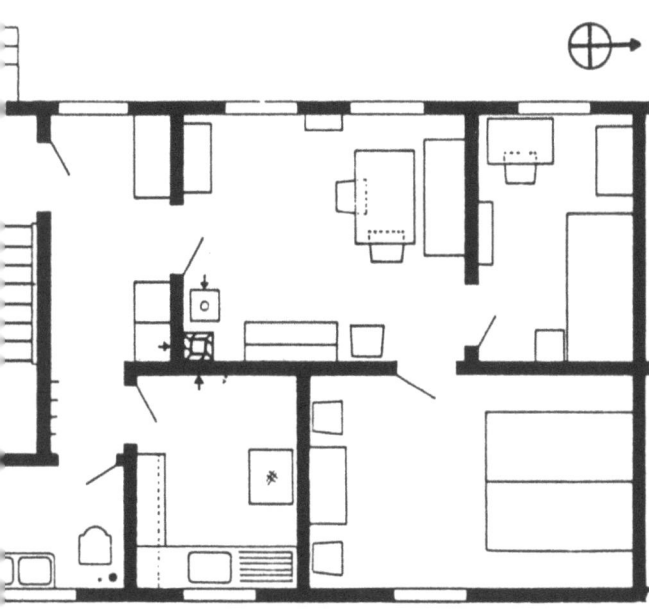

Vereinfachungstendenzen sein. Die Übung, ein Haus von der Schlafplatzgestaltung her zu konzipieren, erscheint aber so vernünftig, daß sie sich auch für neue Überlegungen anbietet.

Besonders beachtlich ist weiter Hugo Härings Hausprogramm, zum Beispiel sein Vorschlag für ein Sechs-Betten-Haus von 70 m², inklusive Abstellraum. Den Hauskern belichtet er direkt durch eine hochgewölbte Betonschale, was ihm ebenso wie Hilberseimer große Kompaktheit ermöglicht. Auffallend ist, daß den Außenräumen des Hauses, also einem Wohngarten, weniger Beachtung geschenkt wurde, was aber wahrscheinlich nicht mangelnden Kenntnissen, sondern ökonomischen Überlegungen zu verdanken ist. Interessant erscheint vor allem die Erwartung eines neuen Wohnverhaltens. Möglicherweise war diese Erwartung auch damals schon historisch falsch; wir haben lediglich ein altes, in Wohnbereichen arbeitender Menschen durchaus gängiges Verhalten aus den Augen verloren und setzen nun an die Stelle des ehemals offenen, proletarischen Wohnens bürgerliche Vorstellungen.

Was Otto Völckers im Geschoßbau damals versuchte, wurde nach dem Zweiten Weltkrieg verschiedentlich gebaut; die Resultate befriedigten un-

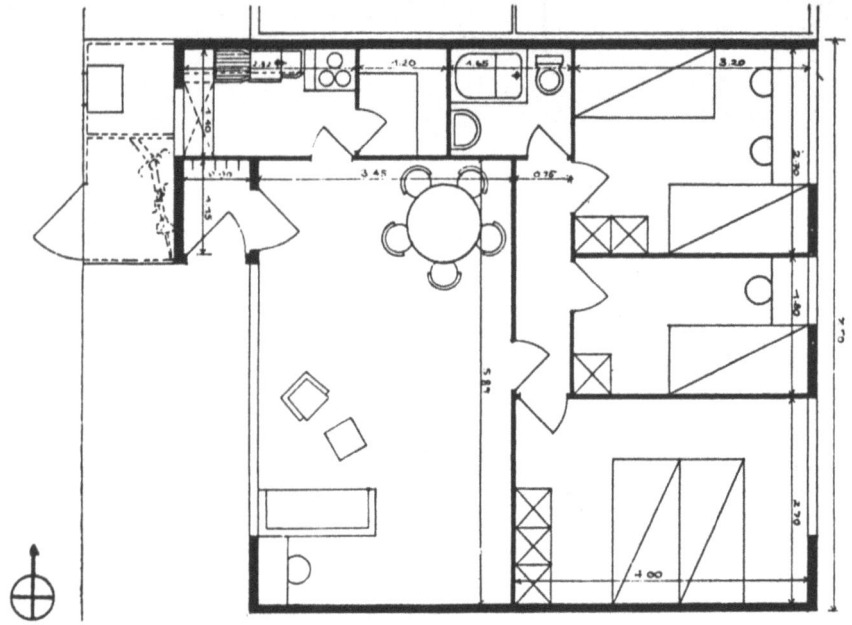

Ludwig Hilberseimer: Einfamilienhaus, nicht unterkellert, und ohne Dachgeschoß
Rechte Seite: Hugo Häring: Einfamilienhaus mit 6 Betten

sere Wohnbevölkerung schon Ende der fünfziger Jahre nicht mehr. Nahezu sämtliche Reformgrundrisse der zwanziger Jahre wurden nicht angenommen. Hier muß ein anderer Weg eingeschlagen werden. Dieser sehr verkürzte, höchst selektive historische Rückblick mag genügen. Insgesamt kann man feststellen, daß alle Versuche dahin gingen, Schichten, denen individuelles Wohnen aus wirtschaftlichen Gründen nicht möglich war, eine Chance einzuräumen, sich ihre Wohnwünsche dennoch angemessen zu erfüllen. Dieses Anliegen ist bis heute das gleiche geblieben. Ein erheblicher Unterschied besteht indes, dies muß wiederholt werden, darin, daß frühere Versuche wohntechnisch den Aufstieg eröffneten, man konnte sich also verbessern. Im Gegensatz dazu werden heute fast alle aktuellen Vereinfachungs- und Reduzierungsversuche mit Sicherheit als Abstieg, als Verlassen eines wenn auch unbezahlbaren, so doch als Standard festgeschriebenen Wohnvorbildes gesehen. Es ist zwar unschwer möglich, ohne objektiven Verlust an Wohnwert die Wohnung zu vereinfachen, Übertechnisierung aufzuheben, die psychische und soziale Hürde wird sich indes als beinahe

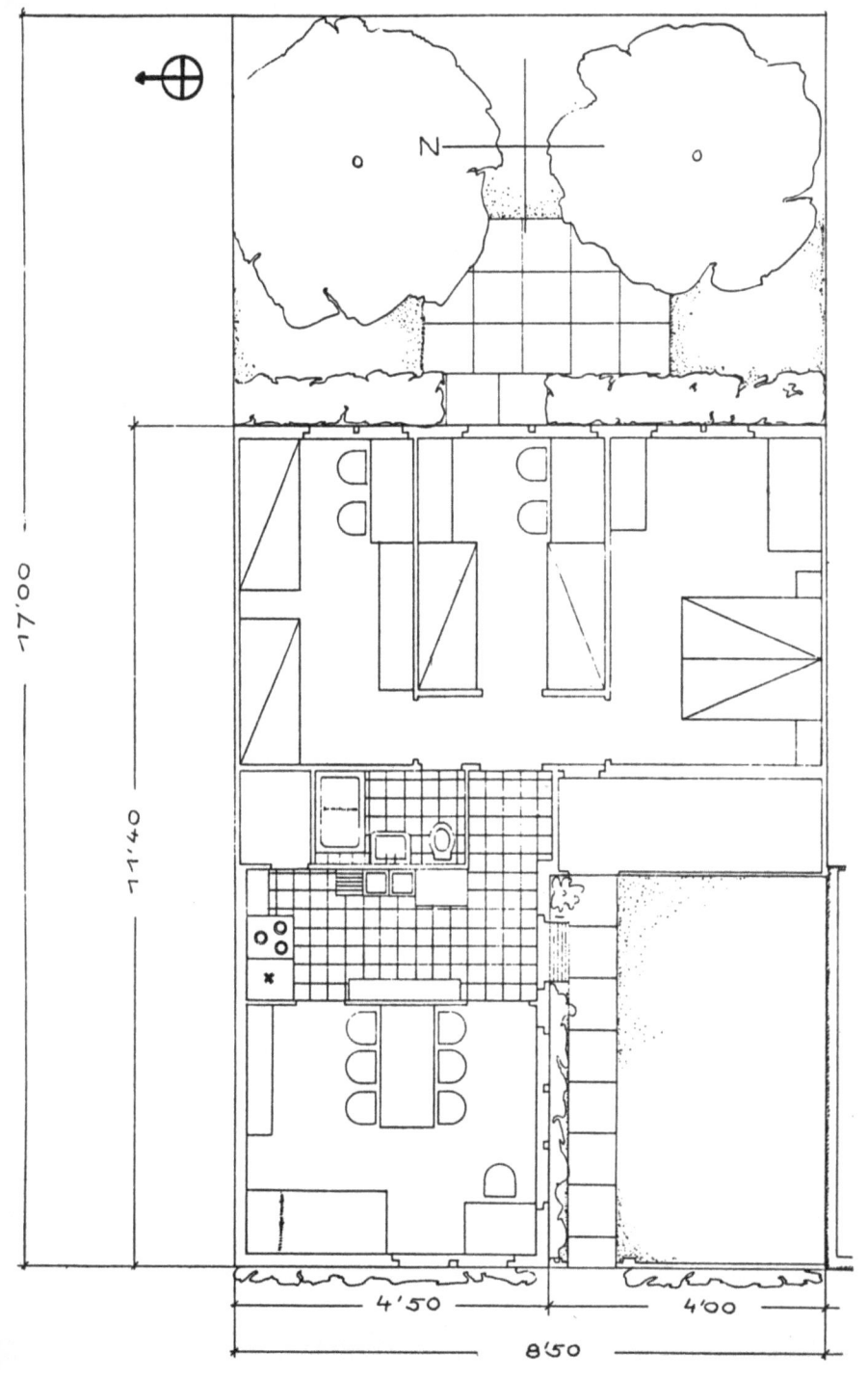

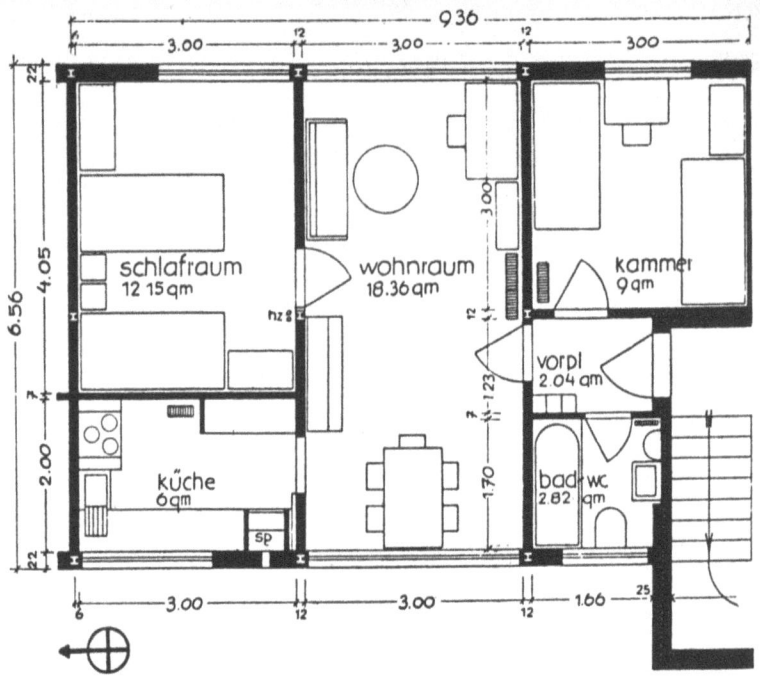

unübersteigbar erweisen. Ökonomisches Wohnen wird, sieht man von sehr motivierten Leuten ab, sicherlich als Rückschritt, als Verarmung gesehen. Es gilt also zuerst eine Idee zu verbreiten, die Idee eines reduzierten, vereinfachten Wohnungsbaus, und mit ihr herrschende Vorstellungen und damit Zwänge zu unterlaufen. Die Reduktion muß allerdings so beschaffen sein, daß gegebenenfalls, wenn der Konsumdruck für den Einzelnen zu hoch wird, im Lauf der Zeit individuell nachgerüstet werden kann. Aber nichts ist schwerer, als gegen eine Mentalität anzukämpfen. Und es ist nicht gerade ein ermunterndes Zeichen, daß beim großen Beispiel Autokauf Basismodelle nur ungern gekauft werden, obwohl sie in vielerlei Hinsicht, vor allem bei der Kosten-Nutzen-Relation, den gleichen Modellen mit Vollausstattung oft eher überlegen sind. Hier muß über den Nutz- und im Falle unseres Anliegens den Wohnwert ein Zusatzargument eingebracht werden, das das Selbstbewußtsein so stützt, daß die de-Luxe- und Chromleistenmentalität vom einzelnen überwunden werden kann.

Bei den Reduzierungsbemühungen nur auf gesellschaftliche Gruppen zu setzen, die sich als *alternativ* verstehen, hieße indes, den Bemühungen jegliche Breite zu nehmen. Der überwiegende Teil der Bevölkerung ist nun einmal in den Denkschemata fortschreitender Verbürgerlichung befangen.

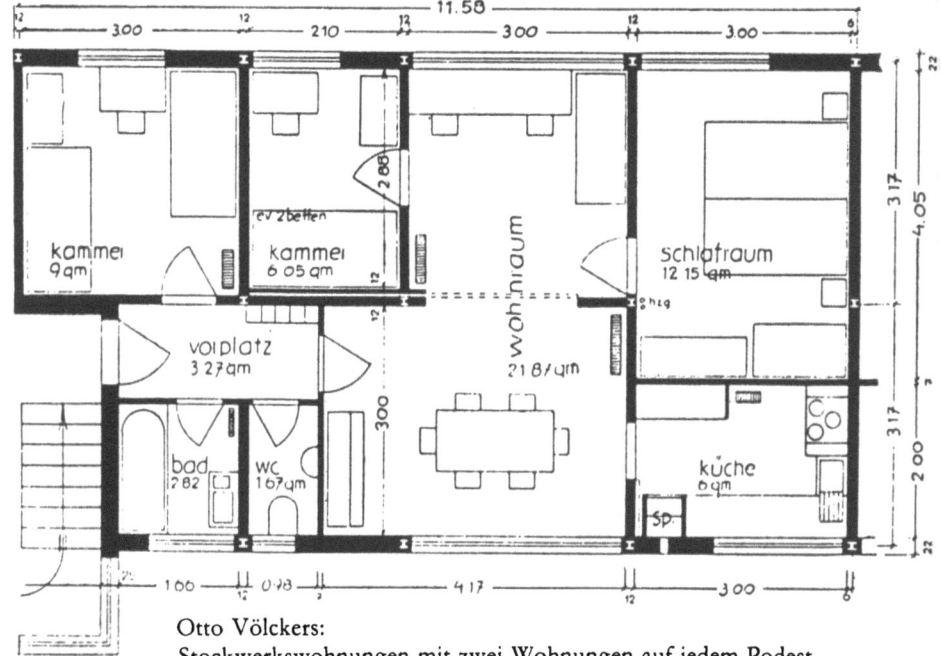

Otto Völckers:
Stockwerkswohnungen mit zwei Wohnungen auf jedem Podest

[1] Biel, F., Wirtschaftliche und technische Gesichtspunkte zur Gartenstadtbewegung, S. 5f.
[2] Tessenow, H., Der Wohnhausbau, S. 1f.
[3] Tessenow, H., op. cit., S. 26
[4] Muthesius, H., Wie baue ich mein Haus? 1917^2, S. 1
[5] Muthesius, H., op. cit., S. 6f.
[6] Muthesius, H., op. cit., S. 147
[7] Muthesius, H., op. cit., S. 218
[8] Muthesius, H., Kann ich auch jetzt noch mein Haus bauen? 1920
[9] Reichsforschungsgesellschaft für Wirtschaftlichkeit im Bau- und Wohnungswesen, Die billige, gute Wohnung, Berlin 1930
[10] Block und Hochfeld, Hamburg; Doeker, Richard, Stuttgart; Fischer, Alfred, Karlsruhe; Frick, Kurt, Königsberg i. Pr.; de Fries, H., Düsseldorf; Gellhorn, Alfred, Berlin; Gropius, Walter, Berlin; Gutschow, Konstanty, Hamburg; Haering, Hugo, Berlin; Haesler, Otto und Karl Völker, Celle; Heim und Kempter, Breslau; Hilberseimer, Ludwig, Berlin; Klein, Alexander, Berlin; Lauterbach, Heinrich, Berlin; Lechner und Norkauer, München; Luckhardt und Anker, Berlin; Luedecke, G., Dresden; Rading, Adolf, Berlin; Schmitthenner, Paul, Stuttgart; Schumacher, Hans, Köln; Schwagenscheidt, Walter, Frankfurt a. M.; Spiegel, Hans, Düsseldorf; Völkers, Otto, München.

Heinrich Tessenow: Einfamilienhaus in Pößneck/Thüringen, 1920

2 Hindernisse, Ungereimtheiten sowie gesellschaftliche Fehlleistungen und deren politische und planerische Folgen

Überlegungen zur Abhilfe

Die Mehrheit der Bevölkerung hegt noch immer den Wunsch, im eigenen, von Garten umgebenen Haus zu wohnen. Noch immer ist dies – unverändert – die Idealvorstellung von 80 Prozent aller Bürger dieses Landes. Davon gilt es auszugehen – ob einem diese aus ideologischen Gründen oft verteufelte, unter planerischen Gesichtspunkten abgelehnte Vorliebe nun paßt oder nicht. Der Wunsch nach dem eigenen Haus bringt ein Unabhängigkeitsstreben und das Verlangen nach Selbstbestimmung zum Ausdruck, das rational nicht hinreichend zu erklären ist. Hier wirken wohl überlieferte Erfahrungen und Gewohnheiten bis in unsere Tage nach.
Gerade die aus der Wohnungsmangellage in den Ballungsräumen resultierenden Abhängigkeitserlebnisse würden, mindestens bei einem Teil vor allem der bereits Verantwortung tragenden Bevölkerung, in Vorlieben für selbstbestimmtes Wohnen umgesetzt, hätte die durch Verregelung sich selbst behindernde Gesellschaft nicht jede Hoffnung auf Realisierung solcher Wünsche zu Tagträumereien gemacht. Bei zunehmender Konzentration der Wohnbevölkerung in den Ballungsgebieten und Entleerung der ländlichen Räume, die entweder zu Produktionssteppen, überlasteten Naherholungsgebieten oder neuaufgeforsteten Wäldern werden, ist, geht man von bislang gültigen Nutzungsschemata aus, einfach kein Platz für die Verwirklichung selbstbestimmten Wohnens.
Dabei liegt der Nachdruck nicht auf „kein Platz", sondern auf der Feststellung, daß bisherige Nutzungspraktiken insgesamt gesehen unökonomisch sind. Wohnungsmangel an entscheidender Stelle – also in den Ballungsgebieten, die große, attraktive Kraftzentren darstellen und ausreichend Beschäftigung bieten – entsteht aber keineswegs nur durch die fehlende Möglichkeit, erschwingliche Einfamilienhäuser zu errichten. Ebenso betrof-

fen ist längst auch der Mietwohnungsbau. Auch hier ist spätestens seit Mitte der siebziger Jahre keine ökonomisch vertretbare Relation zwischen Kosten und Nutzen zu erreichen.
All diese Probleme sind bekannt. Über ihre Lösung herrschen indes wenig konkrete Vorstellungen. Zuviel ideologischer Sperrmüll verstellt den Blick auf all das, was eigentlich unternommen werden müßte, wollte man den dringenden Bedarf ohne unvertretbaren Aufwand, ständige Umverlagerung von Produktivvermögen und soziale Ungerechtigkeit decken. Das simpelste Lied zu dieser Frage ist das von der „Unvermehrbarkeit des Bodens" und dem daraus resultierenden Wunsch, den Boden in Gemeineigentum zurückzuverwandeln. Boden ist, dies ist eine Binsenweisheit, ebensowenig vermehrbar wie irgendein anderer Stoff auf einem endlichen Planeten. Die Frage, ob Boden Privat- oder Gemeineigentum sein sollte, erhitzt zwar die Gemüter, erweist sich aber im Grunde als eine nichtige Frage. Eine Lösung wird sich hier nur dann ergeben, wenn nicht einerseits durch staatliche Eingriffe private Gewinnmaximierungen ins Unermeßliche schießen und andererseits der Markt durch Dirigismen vollständig ruiniert wird. Wichtig für die Bürger ist einzig die Verfügbarkeit des Bodens für ihre Lebensgestaltung. Bisher ist es nicht gelungen, Angebot und Nachfrage auf dem Bodenmarkt auszugleichen. Ganz im Gegenteil haben mächtige gesellschaftliche Gruppen in diesem Staat zwar nicht die Sozialisierung des Bodens erreicht, wohl aber den Markt und somit die Verfügbarkeit in ihrem Sinn manipuliert. Zuerst wurde die Öffentlichkeit mit der Drohung von der Totalzersiedelung des Landes terrorisiert, dann wurde versucht, mittels des Bundesbaugesetzes bürokratische Gerechtigkeit zu erzielen. Daß dieses mehrfach novellierte, seinerzeit als „Jahrhundertgesetz" gepriesene Elaborat, gleich allen anderen umfassende Gerechtigkeit versprechenden Eingriffen, eher eine Optimierung der negativen Seiten erreichte, ist längst allen realistischen und ideologisch nicht verblendeten Bürgern klar.
Man hat verknappt, einzelnen unsinnige Geschäfte ermöglicht, den zur Erfüllung der Grundbedürfnisse der Bürger unabdingbaren Wohnungsbau an wichtiger Stelle an den Rand des Scheiterns gebracht und trotzdem den Anschein der in der Verfassung garantierten Unverletzlichkeit des Privateigentums formal aufrechterhalten, in der Realität jedoch ad·absurdum geführt, weil zum Eigentum nun einmal unabdingbar die Verfügbarkeit gehört. Von den Absichten der Verstaatlicher ist in dieser Hinsicht noch weniger zu halten.
Kurz, es greift, alle Beispiele lehren dies, ein Dirigismus um sich, der bislang nirgendwo bewiesen hat, daß er mehr erreicht als gemeinschaftsschädigende

Mangelverwaltung bei gleichzeitiger Pfründensicherung für die Verwalter. Ist eine Situation erst einmal so verfahren, so bleibt der Weg der kleinen, von Fall zu Fall vorgenommenen, dezentral angestrengten Reformschritte. Vorerst, da das Bundesbaugesetz immer noch kräftig wirkt und bürokratisch zur Disziplinierung der Bürger angewandt wird, scheint es angeraten, sparsamer mit dem zwangsbewirtschafteten Gut Boden umzugehen.

Die Mär, das gesamte Verteuerungsunheil resultiere aus dem Bodenpreis und Bodenverbilligung würde mithin zu preiswertem Wohnraum führen, ist allerdings eine der die wirklichen Ursachen der Preisexplosion bis zur Unkenntlichkeit entstellenden Vereinfachungen. Aus dem selben Geist, der den Bodendirigismus nährte, stammen auch die übrigen preistreibenden und das Bürgerrecht auf Wohnung behindernden Eingriffe. Auch mit ihnen wurde der Markt ausgeschaltet, wurden Angebot und Nachfrage manipuliert und wurde ein Status herbeiverordnet, der niemandem wirklich nützt und nicht mehr zu bezahlen ist. Durch künstliche, mittels Vorschriften abgesicherte Preisverzerrungen ermutigte man das allgemeine Über-die-Verhältnisse-Leben. Fehlbelegung von Wohnungen und Investition an untauglichen Objekten förderte man gesetzlich durch Abschreibung und Begünstigungen. Jetzt – in dieser verfahrenen Lage – von Besitzständen Abstriche zu fordern, ist angesichts der bisherigen Praktiken beinahe eine Unzumutbarkeit; soziale Disharmonie, Verärgerung und Staatsverdrossenheit sind geradezu einprogrammiert.

Daß sich die Form des Mietwohnens keiner weiten Beliebtheit erfreut, hängt unmittelbar mit den oben angestellten Überlegungen zusammen. Gerade die scheinbar bodensparenden, in Wirklichkeit aber nur Geschäftssinn und städtebauliche Unvernunft verratenden, monofunktionalen Schlafstadt-Verdichtungen an den Peripherien unserer Städte haben die auf Mietwohnungen angewiesenen Bevölkerungsgruppen, die mit den angebotenen Wohnformen nicht sympathisieren, total verunsichert, ja deklassiert. Eine Bevölkerung, die eigentlich im eigenen Haus mit Garten wohnen möchte, in gewaltigen, durchaus zu Recht als monoton empfundenen Wohnwaben unterzubringen, hat den Unterzeichnern der Charta von Athen sicherlich nicht vorgeschwebt. Dabei zeugen die entstandenen Ansammlungen von gleichförmigen, von der Technik her dennoch als Unikate anzusprechenden Bauwerken nicht einmal von besonderer Geschäftstüchtigkeit der Errichter, haben diese es doch mitnichten fertiggebracht, den Bauprozeß zu industrialisieren und zu verstetigen, sondern mit immer neuen Scheinvarianten der Bauindustrie nur zu ständigen gewinnträchtigen Kalkulationsvarianten verholfen.

Im Augenblick scheint den Wohnbau eine allgemeine Lähmung ergriffen zu haben. Eine falsche, unter falschen Voraussetzungen angestrengte Bodenpolitik hat aus ideologischen Gründen den Markt zerstört und sehr zum Nutzen mancher Bodeneigner die Ware verknappt. Hinzu kommt – besonders schwerwiegend – die Baupreisverteuerung, die aus den verschiedensten Gründen zu einer völligen Überforderung der Investoren geführt hat. Das alles wird durch eine beinahe perfekte Reglementierung aller Bauvorgänge auf die Spitze getrieben. Wie nicht anders zu erwarten, hat sich im Gefolge aller wirtschaftsfremden Eingriffe die Bürokratie, dankbar für die Einräumung solcher Möglichkeiten, des Baubereichs bemächtigt, was diesem noch schlechter bekam als alle übrigen indirekten, erst herbeiideologisierten und dann gesetzlich verankerten Hemmnisse. Dieses Syndrom gesellschaftlicher Unfähigkeit, wichtige Aufgaben zu lösen, läßt sich, wenn überhaupt, nur langfristig mildern. Denn aufheben lassen werden sich diese Widrigkeiten – bedenkt man die Unbeweglichkeit der Apparate und die Zementierung der politischen Besitzstände – überhaupt nicht, es sei denn, man spekuliert mit der Katastrophe. Es gilt also, Mittel und Wege zu finden, mit und auf welchen – ohne Änderung des gesamten verworrenen Systems – dieses System intelligent zu unterlaufen und teilweise auch außer Kraft zu setzen ist.

Eine derartig sanfte Systemänderung wird nur dann möglich sein, wenn alle Beteiligten – Architekten, Bürger, Politiker, Bedienstete der öffentlichen Hände – in ihrer Eigenschaft als Mitbürger sich findig und gewandt und unter ständiger Beachtung dessen, was notwendig und nützlich und was überflüssig und opferbar ist, zwischen Scylla und Charybdis der kollektiv und bürokratisch geschaffenen Unsinnigkeit zu bewegen versuchen.

Ziviler Ungehorsam, Schwejkismus zum Besten aller, scheint hier geboten, um ohne Kraftakte und wesentliche Konflikte etwas zu bewirken, was allen nützt. Das festgeschriebene System erweist sich schon heute als hülsenartiges Abstraktum oberhalb der Alltagsrealität. Seine Abgehobenheit von der Welt zeigt sich meist negativ. Warum sollten wir im Schatten der Flügel dieses abhebenden Bundesadlers nicht auch positive Rechtsabänderung oder -ausdehnung bewirken können? Die Bereitschaft der Bürger, den sich zu ernst nehmenden Apparat ins Leere laufen zu lassen, wächst. Nur die sehr zahlreichen Nutznießer, denen der Staat in seiner jetzigen Form einen Existenzvorteil vor den weniger eingebundenen Mitbürgern verschafft, wünschen sich und den Verhältnissen unwandelbare Dauer.

Nachdem sich Bauen nun einmal unter den gegebenen Gesetzmäßigkeiten, wie sie angelegt sind, vollzieht, kommt der Bauleitplanung fundamentale

Bedeutung für jedwede Tätigkeit in diesem Bereich zu. Im Flächennutzungsplan wird weitmaschig festgelegt, in welche Richtung die bauliche Entwicklung führen soll. Politische Gremien entscheiden hier, geleitet oder besser an die Hand der Exekutive genommen, über Entwicklungen, die sehr wohl etwas mit den späteren Gestehungskosten, mit Wohnwert und mit dem Wohlbefinden der Bürger zu tun haben. Oft werden relativ beliebige Flächen, für die außer ihrer Verfügbarkeit, um es einmal neutral auszudrücken, nichts spricht, Planungsgegenstand, ohne daß weiter geprüft würde, ob sie die Aufgaben, die ihnen zugewiesen werden, auch übernehmen können. Gerade hier hat die Gewinnmaximierung von Baulandverkäufern und Aufkäufern die Allgemeinheit in den letzten zwanzig Jahren sehr viel Geld gekostet. Betrachtet man die vielerorts herbeigeführten Verhältnisse, so versteht man, daß viele, die nicht in direkter Dauerberührung mit öffentlichen Apparaten stehen und somit deren Unfähigkeit nicht ständig vorexerziert bekommen, ihre Hoffnung auf Vergesellschaftung des Bodens richten.

Bietet schon die sogenannte vorbereitende Bauleitplanung genug Anlässe zu späteren Mißlichkeiten, die meist verteuern und in der Mehrzahl der Fälle nicht einmal mit Geld auszuräumen sind, so tun dies in noch weit höherem Maße die Bebauungspläne, die rechtsverbindliche Aussagen für jeden einzelnen machen, der sich mit Bauabsichten trägt.

Ein geradezu unermeßliches Kapital ist, seit Inkrafttreten des Bundesbaugesetzes im Jahr 1960, durch falsche Bebauungsplanung verschleudert worden. Die altgediente Ausrede, diese Planungsstufe sei von alters her zu schlecht honoriert worden, als daß sich qualifizierte Kräfte ihrer hätten annehmen können, ist nur ein Teil der Wahrheit. Der trockeneren, aber viel wesentlicheren Aufgabe, jedweder Planungstätigkeit oder künstlerischer Gestaltung eine gute Bauleitplanung vorauszuschicken, wurde weder von der Seite der Fachleute noch von jener der zum Bürgerschutz eingerichteten Behörden besondere Aufmerksamkeit zuteil. Dies mag an einem Mißverständnis der Baukünstler ebenso liegen wie daran, daß komplexe Planungsprobleme von seiten der Behörden nicht einfach abzuhaken sind wie die Erfüllungspunkte jener sich um Nichtigkeiten kümmernden Bauordnungen. Unter all diesen fatalen Prämissen haben es Geschäftemacher und dumpfe Köpfe sowie geschmäcklerische Künstler fertiggebracht, die meisten Neubaugebiete mittels steriler Bebauungspläne der Verwüstung auszuliefern. Nirgends wird es so deutlich wie hier, daß architektonische Leistung am Einzelbau und im Detail eine fatale Ausgangslage nur verzuckern, niemals aber wenden kann.

Gerade im ländlichen Bereich ist die Situation besonders ungut. Hier gibt es zahllose Beispiele für Bebauungsplanungen, deren Erfinder sich nicht einmal die Mühe gemacht haben, ihren sowieso überaus dürftigen Überlegungen die jeweilige Topographie zugrunde zu legen. Derartige Fehler ziehen zu allen anderen Übeln aber auch erhebliche Folgekosten nach sich. Diese treten zuerst im Bereich der Erschließung auf und reichen über die Gründung bis hin zur Grundrißbildung. Mangelnde Besonnung führt zu erhöhten Heizkosten, Windausgesetztheit desgleichen. Sinnlose, unter pseudoästhetischen Gesichtspunkten der Gleichheit oder Ähnlichkeit festgelegte Baudetails, etwa im Dachbereich, bringen Erschwernis, ja Unmöglichkeiten für Grundriß und Konstruktion. Der Bebauungsplan, oft in wenigen Minuten auf den höhenlinienlosen Katasterplan gestrichelt, entscheidet über die Wohnqualität nachhaltiger als alle gemütliche Kosmetik, die ihn als erläuternde, Ästhetik verheißende Randglosse begleitet und verrät, daß der planerisch unfähige Erfinder Bauen nicht als einheitlichen, intelligenten Vorgang zur Erlangung dreidimensionaler Räumlichkeit, sondern als Spiel mit bildhaften Versatzstücken ansieht.

Stellt bereits der Flächennutzungsplan die für das Wohnen unter allen Gesichtspunkten geeigneten Flächen dar und bringt der Bebauungsplan das eigentliche Baugeschehen in einen weitmaschigen, die topographischen, wohnphysiologischen, bauphysikalischen, technischen Bedingungen respektierenden und verknüpfenden Zusammenhang, so sind beinahe unmöglich erscheinende Anstrengungen nötig, etwas wirklich für die Gesamtheit Schädliches und Miserables zu bauen. Die meisten Vorgaben sind aber, wie erläutert, so schlecht, daß bisweilen entstandene Baugebiete ohne Bebauungsplan im schlechtesten Fall kaum zu unterscheiden, nicht selten aber besser sind, da sie wenigstens lebendig erscheinen.

Welche Fehler sind im einzelnen am häufigsten? Zahlreiche Bebauungspläne sind in ihren Vorgaben einerseits zu abstrakt, andererseits zu konkret. Abstrakt sind sie, wenn der Flächenzuschnitt keine Rücksicht auf zu optimierende Grundrißvorstellungen nimmt. Da wird zum Beispiel – und dies bei sehr verschiedenen topographischen Gegebenheiten – stereotyp angenommen, die Firstrichtung (und somit die Längsachse der Gebäude) müsse oft mit leicht verspielten Abdrehungen in Ost-West-Richtung verlaufen. Jegliche Untersuchung über Hauptwindrichtung, Sonnenstände, Verschattung, Feuchtstellen, Frostlöcher oder Nebelfelder (vor allem im Hangbereich) sowie über die Bodenbeschaffenheit unterbleibt. Optische Konsequenzen, gerade bei Hangbebauungen, werden kaum jemals berücksichtigt, da es für den Feld-, Wald- und Wiesenplaner Hänge überhaupt nicht gibt.

Straßen verlaufen mit erheblichem Aufwand oft gegen die Vorgabe des Geländes; Raumbildung erfolgt nicht, alles vollzieht sich nach den Minimalforderungen additiver Abstandsflächenordnung. In manchen Fällen könnte bei gut überlegter Bebauung wesentlich stärkere Verdichtung erfolgen, ohne daß Einbußen am Wohnwert zu erwarten wären, im Gegenteil. Verringerte Kosten für Grundstücke und Anliegerbeiträge wären der Lohn solcher Reduzierung. Fast immer werden Bauformen und Details so festgelegt, daß sich eine scheinbare Ordnung ergibt. Es wird so getan, als ob sich gleiche oder ähnliche Bedürfnisse nur auf gleiche Weise erfüllen ließen. Um noch mehr Gleichmäßigkeit, die fälschlicherweise für Ordnung gehalten wird, zu erzeugen, werden zusätzlich gleichmachende Texturen verordnet. So müssen plötzlich alle Häuser Fensterläden haben oder Holzverkleidungen, Ziegeldächer in gleicher Farbe oder Gartenzäune gleicher Konstruktion, Farbe und Dimension. Ohne wirkliche Wohnwertsteigerung für den Einzelnen, lediglich zum Zweck, das Ordnungsstreben von Bauamtsinspektoren und solchen Leuten zu befriedigen, die rasche, oberflächliche Eindrücke für wesentlich halten, wird hier Uniformierung und darüber hinaus erhebliche Kostensteigerung bewirkt.

Dies alles erscheint überflüssig. Sind die Planungsvorgaben eines Bebauungsplans im Ansatz vernünftig, so wird sich, ohne daß Zwang ausgeübt wird, wohl kaum jemand gegen seine eigensten Interessen verhalten, nur weil er partout in wesentlichen Dingen aus der Reihe tanzen will. Weil man sich davon etwas versprach (und vor allem, um den Ende der sechziger Jahre virulent gewordenen Partizipationswünschen entgegenzukommen), hat man in der Novelle zum Bundesbaugesetz von 1976 eine Beteiligung der Bürger vorgesehen. Dieses plebiszitäre Element, sonst im Bereich unserer repräsentativen Demokratie nur in Ausnahmefällen zugelassen, hat aber nicht zur verbesserten Entscheidungsfindung, sondern eher zu erheblicher Bremsung wichtiger Planungsvorgaben an entscheidender Stelle geführt. Dies liegt weniger an der grundsätzlich zu begrüßenden Partizipation der Bürger als an der Schwierigkeit für an komplexen Prozessen Unbeteiligte, sich umfassende und Abwägung ermöglichende Kriterien für ihre Entscheidungen zu verschaffen. Da es sich um Sachfragen handelt, scheint wohl das Entscheidungsdelegationsprinzip nach Qualifikationskriterien von der Sache her überlegen, obwohl den Bürgern jetzt endlich ein Mittel an die Hand gegeben ist, sich gegen steigende Übergriffe von Behörden zur Wehr zu setzen. Doch diese erfreuliche Gegenwehr führt in vielen Fällen eher zu manipulierbaren Querelen. So herrscht meist ebenfalls, mindestens indirekt, das Delegationsprinzip, nur mit dem Unterschied, daß die Anwälte des sogenannten Volkswillens, meist mit Eigenmandat und Lautstärke ausgerüstet, eine völlig unkontrollierbare, aber dafür spektakuläre Obstruktionsrolle spielen und nur selten konstruktive Arbeit im Interesse der betroffenen Bürger leisten. Die Exekutive, durch Informationsvorsprung beinahe immer im Vorteil, jederzeit in der Lage, einen nicht zu bewältigenden Verwaltungsparcours einzurichten und wirtschaftlich sowieso unschlagbar, spielt auf dem „Instrument Bürgerbeteiligung" inzwischen einigermaßen souverän. Ihr wichtige Vorgänge werden lautlos transportiert und erweisen sich unversehens als durchgesetzt, alles ihr Unliebsame wird voll ins Feuer partikularer Interessen geschickt und bleibt so, rechtsstaatlich einwandfrei behandelt (und dazu noch Beschäftigung für die Bürgergremien bringend, die an anderer Stelle nicht so genau hinschauen sollen), an der brauchbaren „Fehlkonstruktion Bürgerbeteiligung" hängen. Somit wird die sicher von mancher Seite gut gemeinte Partizipation, die bei richtiger Handhabung und Formulierung helfen könnte, im hier verlangten Sinn Angebot an gewünschter Wohnmöglichkeit und Kostensenkung zu erreichen, zur preistreibenden und, was viel schlimmer ist, Demokratie in Verruf bringenden Farce, zum Hampelmann der Verwaltung.

3 Ein recht alltägliches Beispiel landläufiger Planungshandhabung auf polit-ökonomischer Grundlage sowie einige gänzlich zivile Überlegungen zu Angemessenheit und Vernünftigkeit im planerischen Bereich

Des weiteren Gedanken über die unsinnig und unter Aufwandsmaximierung verbökerte Wohnumwelt samt Andeutungen, wie Wohnen harmloser und damit ungleich besser zu ermöglichen sei

Alle diese Erwägungen mögen für das hier zu behandelnde handfeste Problem, wie Bauen heute so vereinfacht werden kann, daß Wohnen für weite Kreise wieder möglich wird und zusätzlich Befreiung entsteht, als zu fernabliegend und kompliziert erscheinen. Sie führen aber genau zum Kern des Problems: Zur Darstellung jener Mittelbarkeit, die Ziele außer Sicht geraten läßt. Um vom allgemeinen ins einzelne zu kommen, helfen stets Beispiele. Stellen wir uns vor, die Gemeinde X beschließt die Aufstellung eines Flächennutzungsplanes. Bereits im Vorfeld kommen für das Ziel, die Errichtung neuer Wohn- und Arbeitsstätten, unerhebliche, sachfremde, aber dafür sehr reale Gewichte auf die Waage. So werden etwa durch Ausweisung eines Gewerbegebiets Sachzwänge für eine Umgehungsstraße geschaffen, die unmittelbar der Entlastung dreier, im Besitz einiger Gemeinderäte und des Bürgermeisters befindlichen Grundstücke dienen soll. Ist einmal auf diese Weise die (übrigens kostenlose) Erschließung erreicht, so wird damit – dies ist ein weiteres Nebenprodukt – ein neuer Bereich ehemalig landwirtschaftlich genutzten Bodens aus dem Besitz eines Gemeinderatsmitgliedes erschlossen und Wertzuwachs gewährleistet. Daß das Gebiet unter allen anderen Gesichtspunkten des Verkehrs, der Windrichtung, des Grundwasserstandes, der Bodenbeschaffenheit, um nur einige anzuführen – völlig ungeeignet ist, wird nicht berücksichtigt. Nachdem sich das Karussell verdeckter Interessenbefriedigung mehrmals gedreht hat, bleibt für ein Wohngebiet nur ein nach Norden mit etwa 13 Prozent fallendes Gelände übrig, das zwar als schichtwasserführend gilt, landwirtschaftlich aber wertlos, da schwer zu bearbeiten ist. Da der Besitzer anderen, für interessierte Gruppen wesentlicheren Wünschen Schwierigkeiten machen könnte, scheint dies Geländestück gerade prädestiniert für Wohnzwecke, obwohl

45

doch eindeutiger Logik, sogar die Sichtdreiecke im Anschlußbereich der Wohnsammelstraße an die Kreisstraße sind sehr zur Freude des Straßenbauamtes freigehalten. Der Kanal hat das notwendige Gefälle und liegt ordnungsgemäß in der Straße. Alles ist in Ordnung, der Bebauungsplan wird genehmigt und beschlossen.

In Wirklichkeit ist selbstverständlich nichts in Ordnung. Es wurde mit Pedanterie, Gedankenlosigkeit und einem gerüttelten Maß an Unfähigkeit eine volkswirtschaftliche Fehlinvestition von ca. 8 Millionen DM vorbereitet. Dieser Fehlinvestition an Geld steht das Sich-Einhandeln sonstiger, nicht direkt bewertbarer Nachteile in nichts nach. Bereits in den Bebauungsplan wurden wohnphysiologisch ungünstige Verhältnisse ebenso wie psychische Belastungen, Unfriede und Belästigung eingebaut.

Gut gefahren bei dem ganzen Vorgang war einzig der Planer. Er hatte zwar der Gemeinde 40 Prozent seines Honorars erlassen, dafür aber mit 16-Mann-Stunden und einer Stunde Eigenleistung die gesamte Planung im eigenen Büro geleistet. Schließlich war dies die 54. Bebauungsplanung, die er durchführte, und sogar eine der allerkleinsten. Dazu hatte er noch, wie dies üblich ist, sonst würde man ja überhaupt keine Bebauungspläne machen, akquiriert. Wegen der zutage tretenden Kulanz hatte die Gemeinde unserem Planer die Planung und bauleitende Betreuung ihres gesamten Straßen- und Wegenetzes übertragen. Sein großer BMW mit der wippenden Funkantenne, der Kollege arbeitet weiträumig, tauchte überall auf, wo demnächst Straßen und Wege ordnungsgemäß mit Spitzrinne, ein- oder zweiseitig mit Gehsteig und Peitschenleuchte verkehrsgerecht gestaltet, Hügel abtragend, Täler füllend unter Asphalt kommen sollten.

Das ganze ist keine Parodie auf lokale Sitten, sondern Realität, und jeder einigermaßen sachkundige Leser wird für solche Vorgänge seine eigenen Namen und Orte einsetzen können und das Bild stimmig finden. Doch zurück zum Beispiel: Im Zug der vom Planungsbüro X betreuten Straßenerneuerung wurde als eine der ersten Maßnahmen die Wohnsammelstraße des Wohngebiets samt Kanal angelegt. Hierbei stellte man natürlich fest, daß das Hanggelände, welches, wie beschrieben nach Norden abfiel, ein Durchschnittsgefälle von ca. 13 Prozent hatte und nicht nur Schichtwasser führte, sondern teils geradezu zu Hangbruch neigte. Die Straße wurde insgesamt unsinnig teuer. Bodenaustausch fand statt, Kanalarbeiten waren schwierig, und im Bereich des Wendeplatzes mußte man zu allerhand Kunstgriffen, wie Winkelstützmauern und Abgrabungen, greifen, weil ein Wendeplatz mit 13 Prozent Quergefälle wohl doch nicht das Richtige ist. Jetzt, viel zu spät, verstand der Straßenbauer-Bebauungsplaner auch plötz-

eine Erschließung wegen angrenzender Bebauung bzw. eines unter Landschaftsschutz stehenden Gehölzes nur senkrecht zur Hangkante von Süden her möglich ist.

Ein an sich mit Straßen- und Kanalbau beschäftigtes ländliches Ingenieurbüro, von anderen Gemeinden bestens empfohlen, fertigt, nachdem der Flächennutzungsplan kaum mit tiefgreifender Information überlastet, dafür aber schön bunt mit den amtlich verordneten Kennfarben bemalt, die Fachkontrolle durchlaufen hat und rechtsgültig geworden ist, den Bebauungsplan für den Nordhang. Dieser folgt schlichten Rezepten, leuchtet aber, da er auf Katastergrundlage ohne Höhenschichten entwickelt ist und oft Gesehenes wiedergibt, den politischen Mandatsträgern durchaus ein. Auf das längsrechteckig von Süden nach Norden hangabwärts verlaufende Grundstück passen 15 Häuser, denen Grundstücke von 480 bis 600 m² zugewiesen werden. Eine mittig das Grundstück teilende Straße endet logisch und sparsam in einer Wendeplatte. Mit Straßen kennt sich der Bebauungsplaner gut aus. Eine Regelbreite von 6 m und 2 m Parkstreifen sowie 1,5 m Fußweg erscheinen geboten. Die Wendeplatte wird so angelegt, daß auch schwere Öltankwagen keine Schwierigkeiten haben. Auch ans Straßenbild denkt unser Planer. Um den eher ländlichen Charakter der Siedlung zu wahren, werden die Garagen von der Straße weg zurück ins Grundstück verlegt. Da sich unser Beispiel in einem der Fremdenverkehrslandkreise Oberbayerns zuträgt, sind die Gestaltungsauflagen des Bebauungsplans umfänglich. Flache Satteldächer (Firstrichtung Ost-West) mit einer Neigung zwischen 18° und 22° sind vorgeschrieben. Die Deckung hat mit naturfarbenen roten Ziegeln zu erfolgen. Dachüberstände müssen allseitig mindestens 1,50 m messen. Holz ist reichlich zu verwenden und in „sonnengebräuntem" Naturton zu lasieren. Balkone sind des Ortsbilds wegen erwünscht, entweder umlaufend oder an den Giebelseiten, gemäß der Tradition als Holzkonstruktion zu gestalten. Auch die Garagen sind in diese umfängliche Gestaltfürsorge eingebunden und ähneln in ihrer Verkleinerung den größeren Bauten. Ebenso streng geregelt werden die Zaunanlagen zur Straße hin, deren Sockel mindestens 20 cm höchstens 40 cm hoch sein dürfen, während die Zaunkonstruktion in Holz, mit horizontaler Verbretterung, nicht über 120 cm und nicht unter 80 cm, ebenfalls im Naturholzton, auszuführen ist. Dies alles findet Zustimmung, sowohl bei heimatliebenden Bürgern, vor allem den frisch zugezogenen, als auch beim Kreisbauamt, dessen Festschreibungen, Wünsche und Auflagen der Planer sozusagen als Experte automatisch in seinen Bebauungsplanentwurf einführt. Auf dem ebenen, höhenlinienlosen Papier erweist sich alles von zwar schlichter, aber

lich, ganz anders als bei der Planung, etwas vom Gefälle. Unermüdlich reckte sich seine gelb-rote Latte in die Luft, verbissen stand seine Mannschaft am Gerät und übers Feldbuch geneigt am nassen Hang. Im ersten Bauwinter zeigte die neue Steilstrecke des Alpenvorlandes bereits, was die Anlieger zu gewärtigen hätten. Wenn es regnete oder taute, schossen Wassermassen zu Tal; fror es, dann war die Strecke, ungesalzen und ungesplittet, weder für Mensch noch Fahrzeug passierbar. Doch das war erst der Anfang. Die zwei südlichsten Häuser erhoben sich schon, zwar am Hang stehend, doch mit dem Obergeschoß die Kuppe überragend. Aus den Rohbauten sah man, Traum jedes Flachländers, in die Alpen. Südsonne brannte. Die Erdgeschosse stakten irgendwie, grob gesagt, südwärts im Dreck, während nordseitig wenig fehlte, um den Keller fürs Erdgeschoß zu halten. Hanglagen können ja in der Hand eines guten Architekten Anlaß reizvoller und vor allem volltauglicher Bebauung sein, nicht aber, wenn recht und schlecht ein auf Ost-West-Orientierung ausgelegter Einheitshaustyp gebaut wird, der eigentlich in der Ebene stehen sollte und noch dazu oberbayerisch verkleidet werden muß.

Waren die obersten Häuser nach der Fertigstellung eher komisch anzusehen, aber durchaus bewohnbar, so wurde es weiter unten hangabwärts im Tal, das sich auch als windiges Frostloch erwies – die altansässigen Bauern hatten das immer gewußt und hätten niemals dort gebaut –, geradezu bösartig. Nach Süden starrten die Bewohner auf die verschatteten und Schatten werfenden Nordseiten, die im Abstandsflächenabstand oberhalb dräuten. Nach Norden standen die Bauten dreigeschossig in der Kälte. Die Garagen mit ihren langen Zufahrten sahen aus wie Rebwächterhütten auf terrassierten Weinbergen. Ohne Stützmauern ging überhaupt nichts, nur hätte man die Himmelsrichtung mindestens um 90° drehen müssen, um wenigstens zu teilvernünftigen Ergebnissen zu gelangen. All dies brachte erhebliche Mehrkosten sinnloser Art bei der Errichtung, aber auch im Unterhalt. Trotz aller Investitionen entstand nur Minderwertiges. Das flachgeneigte Dach erwies sich, formal einem Haustyp ganz anderer Funktion entlehnt, als sinnwidriger Formalismus. Dachausbau zur Gewinnung einer Raumreserve war nicht möglich ohne die Anordnung eines Kniestockes; der aber war ausdrücklich verboten, da er die Bauten noch turmartiger hätte erscheinen lassen. Einige der unglücklichen Bauherren versuchten, mittels verschwenderischer Erdbewegungen ihr Schicksal zu wenden. Solche Bemühung stößt aber bei 600 m² großen Grundstücken schnell an die Nachbargrenzen. Nachbarstreitereien gehörten und gehören in dieser Wohnsiedlung zur Tagesordnung. Jede größere Blumenstaude, im Zaunbereich sonst harmlos, verschattet abträglich Nachbargrundstücke. Jeder größere Gewitterregen versammelt alles, was an Humus locker ist und nicht hinter einer der vielen Stützmauern festgehalten wird, in den Gärten der untersten Talsohlenbewohner. Dort sieht es dann aus, als sei weit oben eine Talsperre gebrochen. Von den Zäunen und Gartentoren zu sprechen, erübrigt sich. Man kann sich leicht ausdenken, wie hübsch ein abgetreppter bayerischer Viehzaun auf Sockel bei 13 Prozent Geländegefälle wirkt und wie die Straßenanschlüsse der Autoeinfahrten etwa aussehen. Daß im übrigen die Verkehrsanbindung an die Kreisstraße trotz aller Freihaltung von Sichtdreiecken eine schwere Gefährdung darstellt, sei überflüssigerweise noch erwähnt. Die Anbindung befindet sich nämlich in einer kleinen, sehr oft von dichtestem Nebel erfüllten Senke.

Dieses ganze, für den unbeteiligten Betrachter eher komische, die dort lebenden Menschen sehr schädigende Planungsergebnis zeigt – ohne daß zu viel verdeutlichende Karikatur notwendig gewesen wäre – wie entscheidend die übergeordneten Planungsphasen für sämtliche Belange bis hin zur Wirtschaftlichkeit sind. Die Landzerstörung geschieht nicht, wie viele künstlerisch-ästhetisch motivierte Ankläger meinen, mittels falscher Bauten, sondern vor allem durch unfähige, korrupte Planungshandhabung.

Ähnliches ließe sich, allerdings mit sehr erheblichem Aufwand, aber durchaus decouvrierend, auch für ganze Wohnquartiere unserer Städte nachweisen, die von sogenannten Vogelflugplanern artig in Mustern, nach Signifikanz, Dominanz, Urbanität oder anderen nichtssagenden Schlagwortmotivationen ins Brachland eingestreut wurden.

Wollte man zusätzlich noch an den unabdingbaren Vorgaben jeglicher Bebauung, an den Abstandsflächen, Vorgartenbereichen, die nicht beparkt werden dürfen, und weiteren geländefressenden und damit kostentreibenden Bedingungen Kritik üben und diese, von Fall zu Fall durch qualifizierte Nachweise erhärtet, reduzieren – ein solches Vorgehen wäre durchaus sinnvoll –, so ergäbe dies erneute Einsparungen und beträchtliche Verbesserungen für Wohnqualität und Umwelt. Beliebter, da ohne größere Denkanstrengung zu erreichen, ist indes die nachträgliche Reparatur durch Schönen und Aufpolieren mittels allerhand architektonischem und Naturdekor. Wesentlichen Einfluß hat auch – das zeigt das kleine Beispiel aus dem Voralpenland – die Erschließung. Noch die letzte Ecke eines Baugebiets muß hierzulande mit dem Automobil erreicht werden können. Die Errichtungs- und Unterhaltskosten der so entstehenden Wegenetze sind gewaltig, ohne daß Positives bewirkt würde. Der Bequemlichkeit der direkten Anfahrt des Hauses stehen die Lärm- und Luftbelastung ebenso gegenüber wie die

Gefährdung spielender Kinder und die lästige Räumpflicht im Winter. Wohnwege, wesentlich preiswerter und auch optisch harmloser zu errichten, leisten, wenn sie in wichtigen Fällen befahrbar sind, aufs ganze gesehen mehr als üppige Straßen. Für den ruhenden Verkehr, der heute gerade in Wohngebieten luxuriös untergebracht ist – eine Einzelgarage kostet nicht unter 6000 DM, ein Tiefgaragenplatz gar zwischen 22000 und 25000 DM –, täten es auch Parkplätze oder Parkdecks, die bei Abwesenheit der Autos sogar als Spielplatzerweiterungen für Kinder dienen können. Spielplätze wiederum werden gänzlich schematisch gefordert (pro 25 m² Wohnfläche mindestens 1,25 m², als Minimum jedoch mindestens 60 m² Spielplatz), gleichgültig wie die Verhältnisse in Wirklichkeit sind, und sie werden phantasielos und -schädigend ausgerüstet, dies in einer Form, die manchmal sogar gefährlich sein kann.

Wäre das Wegenetz einer Wohnsiedlung nur fakultativ befahrbar, würden die Grünflächen als Heimgärten genutzt und Parkflächen geschickt eingelegt, würde man durchgehend mit dem Aushub Landschaftsgestaltung betreiben, so ergäbe sich Spielmöglichkeit ohne kostentreibende und meist stupide Sonderflächenzuweisung. Auch hier zeigt sich, daß abhakbare Vollausrüstung außer Kosten und Ideeneinsparung nichts bringt.

Dehnt man kritische Überlegungen weiter aus, so stellt sich sehr rasch die Frage, ob es gut und einer gewünschten Durchgrünung förderlich sei, alle Niederschläge, die auf undurchlässige Flächen, seien es Dächer oder befestigte Verkehrsflächen, treffen, mit Aufwand in die Kanalisation abzuführen. Gerade Wohnwege könnten Oberflächenwasser unproblematisch und billig ins umgebende Grün abgeben, während Dachwässer teilweise den Kanälen zugeführt, teilweise aber auch zur Gartenbewässerung aufgefangen werden könnten. Es ist ökonomisch (und ökologisch) doch recht zweifelhaft, jegliches Wasser rasch der Kläranlage zuzuführen und mit durch hohe Kosten herangeführtem Trinkwasser von Fall zu Fall die schnell abtrocknenden Gartenflächen zu bewässern. Bis vor einigen Jahren hätte man derartige Selbstverständlichkeiten überhaupt nicht erwähnt, heute, in Zeiten der Totalverwaltung und einer neuen Sicht auf alte Zusammenhänge, gehört die technische Komplikation einfachster Vorgänge so sehr zum baulichen Alltag und ist so selbstverständlich geworden, daß sie der besonderen Infragestellung bedarf.

Nachdem die hier angestellten Überlegungen sich schon beinahe den natürlichen Gegebenheiten genähert haben, darf ein Seitenblick auf den Umgang mit der Natur nicht fehlen. Daß Natur geschont und geschützt wird, daß endlich ein breites Bewußtsein gegen die Vernichtung ganzer Landschaften und einzelner Biotope entstanden ist, ist überaus erfreulich. Werden erst einmal Untersuchungen der Umweltverträglichkeit jener aus technisch-bürokratischer Sicht unabdingbaren Sachzwänge mit Komfortcharakter angestellt, so zeigt sich meist deren gänzliche Unwirtschaftlichkeit bis hin zur totalen Nutzlosigkeit für das Allgemeinwohl. Bürokratie, Ausdruck von linearer Verhirnung und teillogischer Idiotie, ist nie in der Lage, einmal in Bewegung gebrachte Vorgänge zu stoppen oder umzulenken. Sie bremst zwar allenthalben die Geschwindigkeit von Vorgängen ins Unwirtschaftliche hin ab, im System selbst fehlen indessen Steuerung und Bremsen. Gerade diese Eigenschaften treten auch auf, wenn sich Bürokratie mit Umweltschutz beschäftigt. So betreibt sie etwa, nebenbei gern den Machtzuwachs genießend, Baumschutz. Vernünftige Planungsansätze, städtebauliche Verbesserungen kommen heute zu Fall, weil Bäume oder Baumgruppen, beileibe keine Naturdenkmäler, Wotanseichen, Hermann-und-Dorothea-Linden oder Napoleon-Pappeln, im Weg stehen. Mit oft irrsinnigen Kosten wird erhalten, was umgepflanzt, ergänzt oder einfach gefällt und neu angepflanzt werden könnte, obwohl dadurch nicht nur Geländeverlust, sondern oft auch handfeste Nachteile für die Nutzung und den Unterhalt entstehen. Daß man durch Neuanpflanzung physiologische, bauphysikalische und psychologische Erfolge und zusätzlich oft vier- oder fünfstellige Einsparungen erzielen kann, zählt nicht. Unter Fehlinterpretation des Gleichheitsgrundsatzes wird hier von Leuten, die vor lauter Bäumen das Ziel des Naturschutzes nicht mehr sehen, der Vollzug jeglichen Widersinns angeordnet. Daß dazu von grüner Seite Applaus erschallt, zeigt, daß Grüne meist wieder nur Gläubige sind und sehr selten den Gesamtzusammenhang erkennen.

Nach diesen keineswegs überflüssigen Umwegen, es sind in Wirklichkeit keine, wendet sich nun der skeptische Blick den eigentlichen Gebäuden zu, und zwar sowohl grundsätzlich als auch im Detail. Betrachten wir hier zuerst die Geschoßwohnungsbauten als vom Thema her etwas am Rande liegendes Problem. Wohnungen wurden in den letzten Jahrzehnten in einer Variationsbreite errichtet, die sich nur aus dem Versuch erklären läßt, der großen Architektur neue Schauplätze oder, realistisch gesehen, neue Märkte zu erschließen. Daß dabei im wesentlichen formalistisch dekorierte, additive Stereotypien herausgekommen sind, liegt nach Meinung der Architekten meist an den perfektionistischen Vorschriften und Großbauherrn, dann aber auch an den Menschen, die nicht wohnen können und erst in der Wohnhandhabung der angestrebten Artefakte bestenfalls unterwiesen, schlechtestenfalls abgerichtet werden müßten.

Die Wirklichkeit sieht anders aus. Zwar gab es in der Nachkriegszeit eine beträchtliche Zahl von Demonstrativbaumaßnahmen; wirkliche Wohnbauforschung, Optimierung der gewünschten Grundrißformen und Erarbeitung einer gewissen Raumflexibilität durch An- oder Abkoppeln von autarken Flächen sowie Minimierung des Aufwandes unterblieben aber. Als in den siebziger Jahren die Mode aufkam, dem industrialisierten Bauen oberflächliche Aufmerksamkeit zuzuwenden, verfiel man, geblendet von Erfolgen beim Universitätsbau, in eine geradezu euphorische Stimmung. Doch die erste Ölkrise beendete die meist unseriösen Bemühungen und führte zum Ausweichen ins Pseudohandwerklich-Folkloristische. Gänzlich auf der Strecke blieb das modulare Bauen, das tatsächlich eine Chance gehabt hätte, variationenreich und preisgünstig den Wohnbau zu verbessern. Doch Derartiges war nicht gefragt, vor allem nicht bei der Bauindustrie und den marktbeherrschenden Trägergesellschaften, die, wie zum Beispiel die Neue Heimat, von Architekten geschönte Monotonie in Massen lieferte.

Schon die Konfigurationen der Wohnsiedlungen waren verräterisch. Hatte man noch bis zu Beginn der sechziger Jahre zwar nicht hinreißende, aber doch einigermaßen menschenwürdige Siedlungen hergestellt, so begann plötzlich der signifikante Megalopolis-Städtebau, der Profitopolis bis ins Extrem bedeutete. Schon 1954 hatte Roland Rainer in eingehenden Untersuchungen klar nachgewiesen, daß mit einfachen Mitteln zu errichtende Siedlungen im verdichteten Flachbau und Geschoßbau bis E + 3 höhere Nutzungen ergäben als der gigantomanische Wohnungsbau und damit, ganz abgesehen von der größeren Preiswürdigkeit, bei der Errichtung der Einzelbauten auch sparsamer mit dem Boden umgingen. Derartig bodennahe, unspektakuläre Bauwerke entsprachen indes weder dem technoiden Geschmack und den herrschenden Architekturauffassungen noch den Erwartungen derer, die ohnehin nur in Kategorien des Profits dachten.

So wurden ganze Heere von Mitbürgern unter fadenscheinigen ästhetischen und fälschlich für funktional gehaltenen Vorwänden einer nicht mehr begreifbaren Wohnumwelt ausgesetzt.

Auf der Kostenseite stand üppiger, teuer zu bezahlender Materialaufwand, um Menschen in den 14. Stockwerken der Türme, samt teuer erzielter Grünöde, die abgesehen von ihrer unbetretbar grünen Bildhaftigkeit total nutzlos war, anzusiedeln. Besonders gravierend erscheinen die Unterhaltskosten, die rigoros auf dem Rücken der Wohlstandsgesellschaft sozialisiert wurden und somit den einzelnen noch zusätzlich zur Nutzlosigkeit und ungünstigen Wohnsituation belasten. Wenn man an die Dauerinstandhaltung jener meist technisch eher anspruchslos gemachten und wenig dauerhaft ausgeführten Großbauwerke denkt, dann kann man nur zutiefst beunruhigt sein. Billige, einfache Bauteile sind an sich nichts Negatives; wenn man aber bis auf 40 m einrüsten muß, um Außenanstriche auf Putzfassaden durchzuführen oder wenig taugliche Holzfenster neu zu streichen und auszuwechseln, dann wird Billiges, falsch eingesetzt, plötzlich wahnsinnig teuer und straft die scheinbare Errichtungsökonomie Lügen. Besitzer von Eigentumswohnungen machen mehr und mehr die Erfahrung, daß nach nur zehnjähriger Standzeit auf Verschleiß berechnete Bauteile, die sie „im Paket" erworben haben, nunmehr unter für die Hausverwaltungen profitablen Umständen, ausgewechselt werden müssen – und dies, obwohl die Standzeiten etwa für Fenster viel höher sein sollten. Hier zeigt sich allgemeine Schlamperei offen, verdeckt aber die Bemühung, Investition in Konsum umzubiegen. Eigentliche Ursache für diese Überinvestitionen, die mangels Dauerhaftigkeit und planerischer Vernunft ebenfalls konsumptive Züge annehmen, waren aber die unreflektierten, Gesamtkostenorientierung vermissen lassenden städtebaulichen Planungen.

Die Freihaltung des Bodens, die räumlich gleichgültige Flächen zwischen den mit enormen Kosten errichteten hohen Geschoßbauten erzielt (und nicht etwa zu einer Verringerung des Mobilitätswunsches der Bewohner gegenüber verdichteter Stadt führt, sondern automobile Mobilität geradezu erzwingt), stellt eine der dümmsten Ideologien der letzten 25 Jahre dar. Das sterile, den einzelnen zu keiner für ihn wertvollen Leistung motivierende, sondern nur Sehnsüchte nach Weite und dem Hinaus-aus-allem-weckende Grün – außerhalb der Verfügungsgewalt der Bewohner – hat fast nur negative Wirkungen.

Massenhaftes Auftreten von Fluchtgeräten = Automobilen erzwingt teure, durch Auflagen festgeschriebene Garagenbauten, Fehlinvestitionen, da jeder, solange irgendmöglich, sein Fahrzeug im öffentlichen Bereich jederzeit verfügbar abstellt.

Erheblich sind auch die Kosten für ausreichenden Vertikalverkehr. Ganz abgesehen von der mangelnden Praktikabilität für Familienwohnen, ergibt jedes Transportmittel Abhängigkeit in vielfältiger Weise. Ganz anders als bei Querschnittsbemessungen im Straßenverkehr werden Aufzugsanlagen in Wohngebäuden nie für Spitzenbelastungen ausgelegt, was vernünftig ist, andererseits aber zu Behinderungen führt, die Wohnformen, bei denen vertikale Transportmittel unabdingbar sind, unvernünftig erscheinen lassen.

Betrachtet man den Städtebau der späten sechziger und der siebziger Jahre unter den Gesichtspunkten der Krisenverträglichkeit, so wird die Infragestellung all des Geschehenen noch gewichtiger. Es gibt Quartiere in großer

Anzahl, die man besser räumen sollte, wenn die Bedingungen der Ausgangslage sich wesentlich verschlechtern. All dies erzeugt ein Syndrom der Angst, ein Gefühl der Unbehaustheit, das sich in die Bestrebungen der Bürger ummünzt, sich in die überkommene, bereits notlagenerprobte Stadt des 19. Jahrhunderts zurückzuziehen. Allein dieser Trend weist eine gewaltige Fehlinvestition nach, die nur durch völlige Verblendung der Entscheidungsbefugten und Handelnden erklärbar ist.

Doch alles Konstatieren und Lamentieren hat keinen Sinn, wenn nicht positive Ansätze aufgezeigt werden, wie mindestens in Zukunft ähnliche Fehlhaltungen und Fehlinvestitionen zu vermeiden sind. Dies ist besonders drängend, weil neue, diametral entgegengesetzte, vorgefaßte Meinungen erneut Fehlleistungen in Aussicht stellen, die nur durch das Fehlen der Massenhaftigkeit weniger gefährlich sind. Die Annäherungsweisen an die zu lösenden Probleme sind unverändert unkritisch und dadurch vorbelastet, daß nach wie vor der Optik zuviel Wert beigemessen wird.

Wie bereits verdeutlicht, liegt die wesentliche Einsparungsmöglichkeit, vor allem bei großen Anlagen, im Bereich der Planung. Stärkere Verdichtung, verbunden mit Aufwertung der durch Bebauung entstehenden Resträume, Zwischenräume, Optimierung des Gemischs von verdichtetem Flachbau und mäßigem Geschoßbau unter teilweiser Aufhebung der Abstandsflächenordnung, Einbringung von Wohnwegsystemen und Reduzierung des Straßennetzes sind die planerischen Grundforderungen. Eine harmlose Unterbringung des ruhenden Verkehrs ohne Tiefgaragen unter leichten Dächern würde ebenso Entlastung bringen wie die Abkehr von zu hohen Stellplatzforderungen. Wohnwegsysteme und Platzbildungen sowie Doppelnutzung von über weite Strecken des Tages leeren Parkflächen ergäben ausreichende und interessante Spielmöglichkeiten.

4 Gedanken zur Lebensferne des Rechts- und Verordnungsstaates

*Sodann einige Berechnungen
zur keineswegs aussichtslosen Situation
sowie ein Kostenvergleich
zwischen einem ausgeführten deutschen Normalhaus
und einem fiktiven Gebäude,
das nach den Gesichtspunkten der ästhetischen Ökonomie konzipiert ist*

Betrachten wir im folgenden ein ganz normales Einfamilienhaus herkömmlicher Prägung, das unter Zugrundelegung der Normen und Vorschriften des Sozialen Wohnungsbaus bzw. des § 7b des Einkommensteuergesetzes errichtet wurde. Sehen wir im einzelnen, was sich ohne Verlust, ja, mit Gewinn erübrigen oder verändern ließe. Wir werden dabei von Fall zu Fall auf unsinnige und verteuernde Vorschriften stoßen und ermitteln, was deren Aufhebung brächte. Um in die Überlegungen eine gewisse Ordnung zu bringen, werden wir nach der üblichen Gewerkeverteilung vorgehen. So wird im Vergleich am raschesten deutlich, welche Konsequenzen einzelne Maßnahmen haben. Auf Standortfragen, Topographie, Grundbeschaffenheit, Grundwasserstand und andere Vorbedingungen, die kostenrelevant sind, soll hier nicht erneut eingegangen werden. Sie treffen den Bauwilligen, vor allem bei der in Ballungsräumen fehlenden Möglichkeit der Wahl unter verschiedenen Grundstücksangeboten, wie Gottesurteile.
Gehen wir in unserem Beispiel einmal davon aus, die Verhältnisse seien normal, d.h. ohne besondere Vorkehrungen zu bewältigen. Abgesehen von der vorausgehenden Planung, die vielerlei Hemmnissen unterliegt und nicht zuletzt darunter leidet, daß die fähigsten Leute innerhalb der Architektenschaft sich keineswegs gern und höchst selten mit derartig kleinen Aufgaben abgeben, erweist sich das Baugenehmigungsverfahren als ein von wirtschaftlichen Überlegungen völlig unberührter Bereich. Seine Komplikation und daraus resultierende Dauer kann je nach Konjunkturlage bis zu zwanzigprozentige Aufschläge auf die Gesamtpreise der Baumaßnahme erbringen. Was hier durch obrigkeitlichen Perfektionismus, persönliches Desinteresse oder einfache Ignoranz von Amtsinhabern am wirtschaftlichen Erfolg der Verwaltungssubjekte gesündigt wird, kann auch durch noch so ausgekochte

Ein normales Einfamilienhaus

0 2,5 5

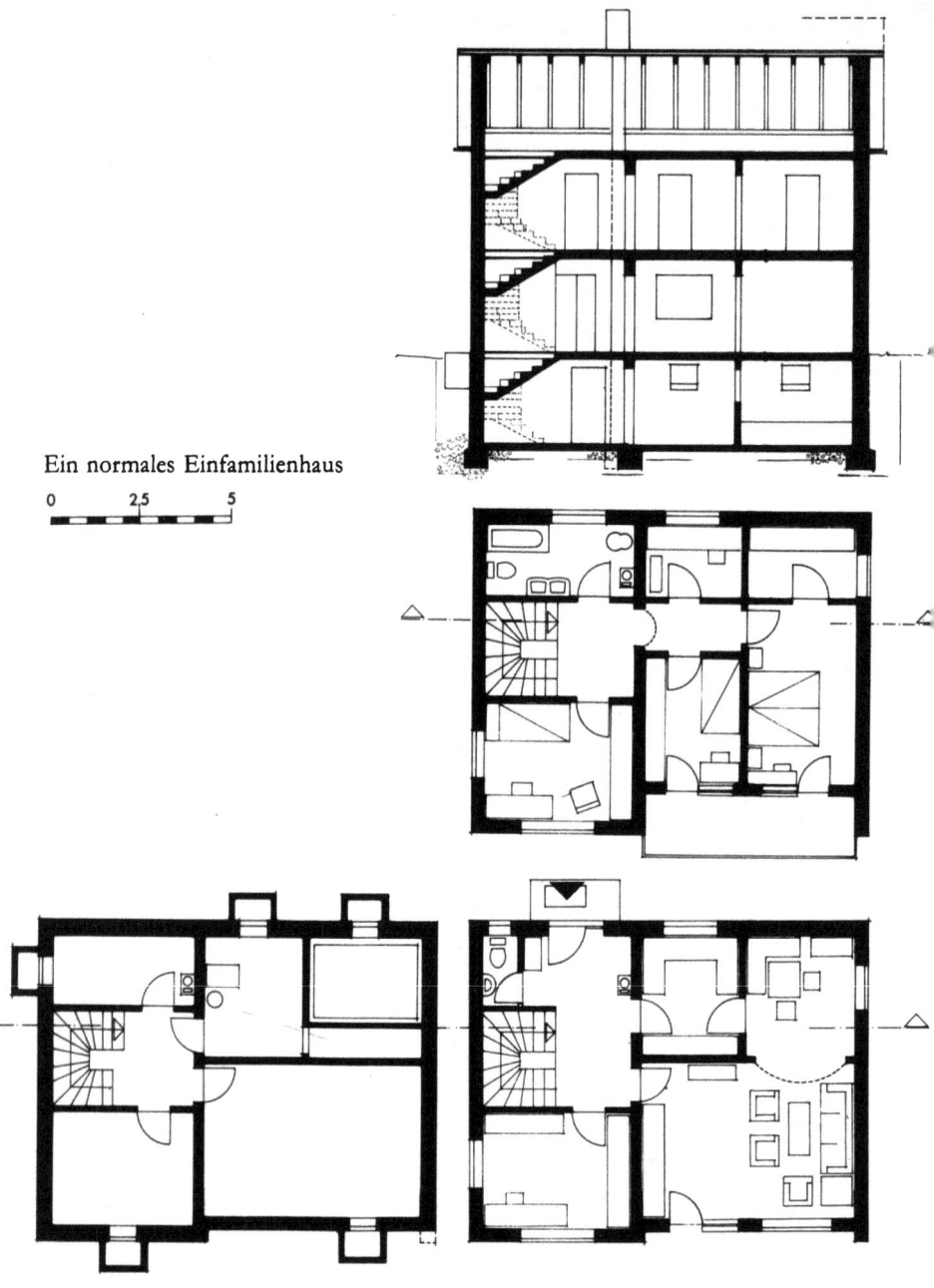

Sparmaßnahmen im Verlauf der Realisierung kaum mehr hereingeholt werden. Dies sollte man sich einmal in der ganzen Tragweite vor Augen halten, denn es trifft – abgesehen von den allgemein überteuerten und vom Steuerzahler ohnehin zu bezahlenden Verwaltungsleistungen – jeden einzelnen Bauwilligen mit voller Härte. Hier liegt, wie immer man zu bauen gedenkt, einer der wesentlichsten Einsparungspunkte. Das sollte man erkennen, bevor man darangeht, hier und dort zu mindern, zu ersetzen und sich wirtschaftlich zu verhalten.

Nachdem, statistisch gesehen, Geschoßwohnungen in ausreichendem Maße, wenn auch in nicht ganz entsprechender Verteilung auf die Schwerpunkte vorhanden sind, sollte in erster Linie, um es zu wiederholen, das Einfamilienhaus Gegenstand unserer Überlegungen sein. Bei gutem Willen und Beseitigung gesetzlicher und förderungsrechtlicher Hemmnisse wäre es unschwer möglich, gerade hier, unter erheblichen Vereinfachungen und Einsparungen, ausreichende Versorgung sicherzustellen. Nehmen wir an, daß bei einer mittleren Grundstücksgröße von 300 m² 500 000 Einheiten zu errichten wären, die derzeit in den Ballungsgebieten fehlen, so beliefe sich die notwendige Flächenbereitstellung in der ganzen Bundesrepublik auf 150 Millionen m², das sind 15 000 ha. Rechnen wir für Erschließung und Allgemeinbedarfsflächen 60 Prozent dazu, so ergibt das weitere 9000 ha. Mit 24 000 ha wäre also unser vordringliches Wohnungsproblem, familiengerechte Einfamilienhäuser, gegebenenfalls mit verschieden zuschlagbaren Einliegerappartements, zu bauen, ermöglicht. Würden etwa 50 Prozent der 500 000 Einzelhäuser über derartige einliegende, separate Kleinwohnungen verfügen, die entweder bei Bedarf von den Familien selbst genutzt werden oder vermietbar sind, so kämen wir insgesamt auf 750 000 Wohneinheiten und, verschiedene Nutzung vorausgesetzt, etwa auf 600 000 von verschiedenen Parteien genutzte Wohneinheiten. Es ist nun eine reine Rechenaufgabe, den neun Ballungsräumen der Bundesrepublik proportional zu ihren Einwohnerzahlen die dafür notwendigen Flächen zuzurechnen.

9,42 % = Hamburg
3,85 % = Bremen-Bremerhaven
3,33 % = Hannover
47,73 % = Rhein-Ruhr
16,37 % = Rhein-Main mit Rhein-Neckar
2,46 % = Nürnberg-Fürth
9,68 % = Stuttgart
7,11 % = München

Die vorgenommene Flächenzuweisung und Verteilung der 500000 Häuser ergibt folgendes Bild:

Hamburg	2263,2 ha	47150	Einfamilienhäuser
Bremen-Bremerhaven	926,4 ha	19300	,,
Hannover	801,6 ha	16700	,,
Rhein-Ruhr	11455,2 ha	238650	,,
Rhein-Main mit Rhein-Neckar	3931,2 ha	81900	,,
Nürnberg-Fürth	590,4 ha	12300	,,
Stuttgart	2325,6 ha	48450	,,
München	1706,4 ha	35550	,,

Die sich ergebende proportionale Verteilung ist keineswegs besonders niederschmetternd, da wohl in jedem Ballungsbereich Flächen in dieser Größenordnung mobilisierbar wären, wenn die gesetzlichen Grundlagen voll ausgeschöpft und die bürokratischen Hemmnisse, vor allem des Bundesbaugesetzes, ausgeräumt würden.

Nachdem ohnedies 80 Prozent aller Bundesbürger den Wunsch haben, in den eigenen vier Wänden zu leben, ergäbe eine solche Wohnungsbeschaffungsmaßnahme sicherlich auch einen Austausch zwischen innerstädtischen Geschoßwohnungen und den Einfamilienhausgebieten in den von leistungsfähigen Massenverkehrsmitteln erschlossenen Außenbereichen, der zur Entlastung der Innenstädte führen würde.

Der Einfamilienhausbau, der sich in Form von Reihenhäusern auf höchstens drei Ebenen darstellen sollte, Winkelhäusern und in geringem Umfang freistehenden Einfamilienhäusern, bringt aber, abgesehen von der erwünschten Eigenständigkeit der Bewohner, eine Menge von wohntechnischen und vor allem bautechnischen Vorteilen. Wählen wir das Beispiel eines erdgeschossigen L-Hauses, der Einfachheit halber ohne Einliegerwohnung, und versuchen wir gemäß dem Gewerkeverzeichnis der VOB festzustellen, auf welche Bauteile des konventionellen Bauens wir ohne Einbuße an Wohnwert, unter Einsparung von Geld und mit Gewinn (finanzielle Entlastung, Selbstbaumöglichkeit, Veränderbarkeit, Selbstreparatur) verzichten können.

Es geht hier, dies soll gleich zu Anfang betont werden, nicht um die vielleicht befürchtete Reprimitivierung und nicht darum, eine Art Notwohnungsprogramm aufzuziehen, um bei gleichbleibendem Preisniveau Kosten durch Minderung zu sparen. Die vielen kleinen Teilschritte sollen ganz allgemein ins Positive gerichtet sein.

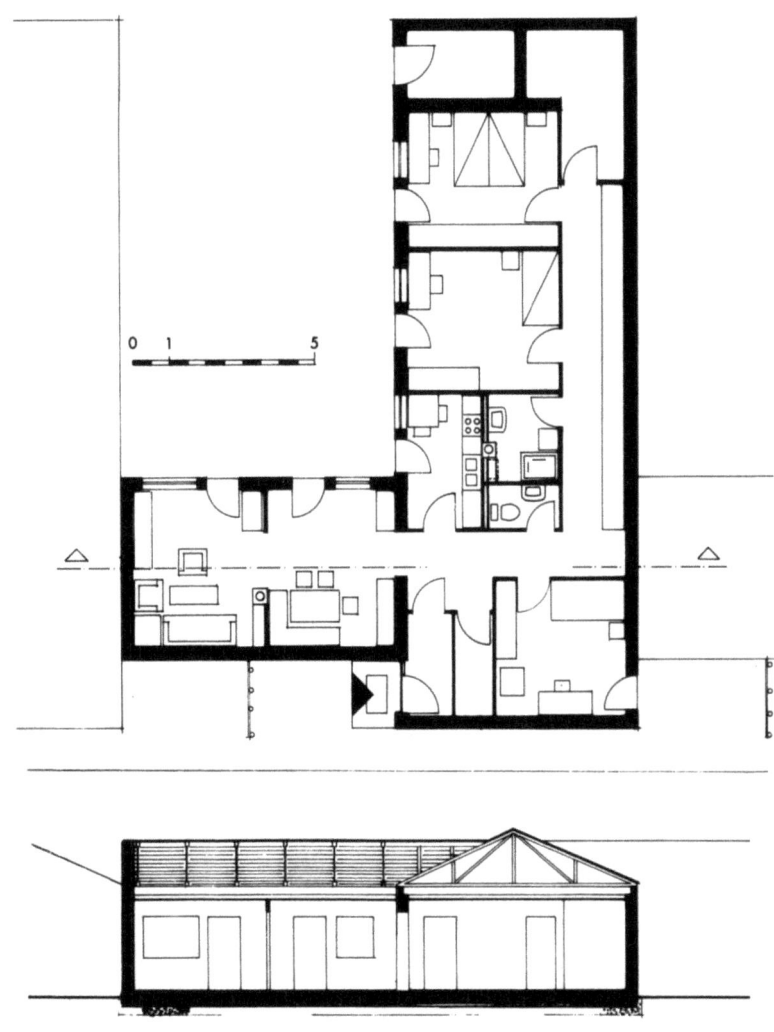

Ein Winkelhaus (L-Haus),
eingeschossig, nicht unterkellert

Nehmen wir an, die Bauleitplanung hätte im vorgeschriebenen Sinn wirklich optimale Voraussetzungen geschaffen, Flächennutzungsplan und Bebauungsplan seien dem Vorhaben günstig, und es begänne die detaillierte Planung nach Typen. Dabei wird erst einmal technisch, dann wohnorganisatorisch alles in Frage gestellt, jede Vorschrift durchleuchtet, jeglicher Unsinn abgebaut.

Die ersten Einsparungen lägen bereits in der Situierung der Gebäude. Ein Netz von Wohnwegen, die nur fakultativ befahrbar sind, spart mindestens 50 Prozent der Straßenkosten. Auf Anfahrmöglichkeiten jedes einzelnen Hauses durch das eigene Fahrzeug wäre zu verzichten. 300 m Gehentfernung von Sammelparkplätzen, Parkplattformen und im Gelände liegenden Parkmulden sind zumutbar. Dies ergäbe pro Stellplatz bereits, gemessen an einer Tiefgarage, eine Einsparung von 20000 DM. Es ist völlig unerfindlich, weshalb ein relativ kurzlebiges Wirtschaftsgut – die meisten Autos werden bei uns nicht älter als 6 bis 8 Jahre – für die geringen Standzeiten im häuslichen Bereich in einem Behältnis untergebracht werden soll, dessen Investitionswert etwa das 1,5- bis 2-fache des Anschaffungswerts beträgt.

Der Rohbau

Für das besagte L-Haus ergeben sich schon bei den Erdarbeiten erhebliche Einsparungsmöglichkeiten. Eine Unterkellerung eines ebenerdigen Hauses von ca. 120 m² Gesamtfläche ist immer unsinnig. Das Argument etwa, die Installationen seien leichter zu führen, ist nicht stichhaltig. Auch die Überlegung, daß im Keller nützlicher Reserveraum entstünde, ist im Ansatz falsch. Kellerräume sind stets zweitrangig. Selbst wenn die Bauordnungen, die in diesem Falle ausnahmsweise vernünftig sind, die Dauerbewohnung dieser Räume zuließen, wäre dies aus den verschiedensten Gründen abzulehnen. Grundbedingung für den Wegfall des Kellers ist allerdings, daß, auf den Grundriß verteilt oder auch konzentriert, günstige Stellflächen für Schränke und ein gut nutzbarer Abstellraum von ca. 8 Prozent der Wohnungsgröße sowie eine Vorratskammer von ca. 2 m² im Küchenbereich eingeplant werden. Weist das Gebäude zusätzlich noch einen teilbenutzbaren Speicherraum auf, dann sind ohnehin alle Stauprobleme zu lösen.

Nach vollzogenem Humusabtrag können einfachste Streifenfundamente direkt unter Maschineneinsatz, ohne die teure Handarbeit des Schalens, ins Erdreich eingebracht werden. Sind die Bodenverhältnisse schwierig, so können vorgefertigte Fundamentelemente auf Bohrpfählen die Lastabtragung übernehmen. Aushub, immer noch zum Teil von Hand auszuführen und vor allem meist durch energiefressende Abfuhr zu beseitigen, fällt kaum an. Die geringen Materialmengen lassen sich ohne weiteres bei einigermaßen brauchbarer Beschaffenheit anplanieren. Grundleitungen für Be- und Entwässerung sowie Energiezufuhr (Fernheizung oder Gas und Elektrizität) können wie gewohnt im Fundamentbereich verlegt werden. Vorgefertigte, an das Haus anzuschließende Meßeinheiten für Wasser, Elektrizität, Gas etc. sind auch ebenerdig unterzubringen. Es ist technisch unbegründet, zeugt aber vom eingefahrenen Trott der Energieversorgungs-Unternehmen, daß diese am liebsten, jedes für sich, Montageflächen in Kellern für die Zählung und Messung der verschiedenen Energielieferungen beanspruchen. An dieser Stelle wäre auch zu erwähnen, daß die individuelle Müllbeseitigung bzw. die für jedes Haus vereinzelte Müllzwischenlagerung aufwendiger Luxus ist, der ohne weiteres entfallen kann. Nur müssen sich neue Gebräuche erst einmal einbürgern. Plötzlich ist es dann ohne weiteres zuzumuten, eine Mülltüte oder einen Müllsack geringeren Ausmaßes an zentraler Stelle abzulegen. Daß dies möglich ist, zeigt der große Erfolg, den heutzutage schon Recycling von Glaswaren in den Städten hat.

Daß der Keller aus klimatischen Gründen und zur Feuchtigkeitssperrung erforderlich wäre, ist ebenfalls überholt. Feuchtigkeitssperren lassen sich preiswert und großflächig etwa in Form von quellverschweißten Folien oder verschweißten Bitumenbahnen auf mit Flächenrüttlern verdichtete Sandbettung verlegen; darüberliegende, durchgehende, nur konstruktiv oder überhaupt nicht zu bewehrende Fußbodenplatten können, in Beton mit leichten Zuschlagstoffen ausgeführt, estrichglatt gerüttelt werden.

Wir befinden uns jetzt auf Sockelhöhe und haben den Erdgeschoßrohfußboden für das zu errichtende L-Haus hergestellt. Mit Abschluß dieser Maßnahme ergeben sich folgende Einsparungen:

Keller des konventionellen Hauses

Erdaushub
Einschalung der Bankette
Hinterfüllen der Bankette innen
Aufgehendes Kellermauerwerk
Herstellen von 4 Kellerlichtschächten
Liefern von 4 Kellerfenstern
Herstellen der Kellerbodenplatte
Aufbringen des Estrichs auf diese Platte

Außenisolierung der Kellerwände durch zweimaligen Anstrich
Einbau einer Drainage mit 3 Spülschächten
Wiederverfüllen mit sauberem Kies
Herstellen einer Stahlbetondecke über dem gesamten Keller
Herstellen einer Kellertreppe fix und fertig, Handlauf
Kellerbeleuchtung
1 Kellertür
Installation einer Kleinhebeanlage, um den Keller zu entwässern. Zugehöriger Schacht
Sanitärinstallationen, Einführungen der verschiedenen Energieträger bzw. Versorgungsleitungen mit Abdichtung usw.
Kosten: 58000 DM

Nicht unterkellertes L-Haus

Humusabtrag und 50 cm Aushub für Frostkies
Auffüllen mit Frostkies und Verdichten, 35 cm
Legen von Grundleitungen im Bereich des Frostkieses
Einbringen einer verdichteten Sandschicht über die ganze Fläche
Einbringen einer durchgehenden, verschweißten Isolierung über die gesamte Fläche
Stellen einer den Baukonturen folgenden Schalung
Einbringen einer unverrottbaren Dämmung und 30 cm Thermotonbeton, konstruktiv armiert.
Kosten: 25000 DM

Die aufgehenden Außenwände bieten wohl insgesamt weniger Einsparungsmöglichkeiten, da hier der Effekt der Wärmespeicherung, den relativ massige Wandbaustoffe haben, allzu hoch dämmende, funktionsgetrennte Systeme ungünstig macht. Angesetzt wird also Massivmauerwerk, eine Bauart, die sich höchster Sympathie erfreut. Die geringen Auflasten beim erdgeschossigen Haus lassen aber Wandbaustoffe von geringer Druckfestigkeit und Dichte bei hohem Volumen zu. Ideal sind porosiert gebrannte Baustoffe oder Material mit hochporigen, gebundenen Zuschlagstoffen. Verzahnte Großblockkonstruktionen, deren Blöcke leicht genug sind, um ohne Hebezeug vermauert zu werden, auf horizontale Isoliermörtelbänder verlegt,

lassen heute unglaubliche Rohbaugeschwindigkeiten zu. Diese Außenwände könnten, wenn es sich um saubere Blöcke handelt, sogar unverputzt bleiben. Bei der Konstruktion unseres Hauses muß nur darauf geachtet werden, daß die schwersten Vorfabrikate noch von zwei Mann mittels geringer Hilfen zu bewegen sind.
Decken über dem Erdgeschoß werden nicht mehr betoniert, sondern nur noch montiert. Hierfür bietet sich der Baustoff Holz, für größere Spannweiten als Leimholz, geradezu an. Nachdem die relativ massigen Außenwände zur Wärmespeicherung herangezogen werden können, erübrigt sich eine schwere Konstruktion der Decken. Unter dem Tragwerk angebrachte Dämmung, darüber, in den begehbaren Speicherbereichen, wasserfeste Großflächenplatten aus Span oder Schalung bilden hier die raumabschließende Konstruktion. Die Sichtoberfläche der Decken kann beliebig gehalten werden; hier sind sowohl Gipskartonplatten als auch Holzschalungen sowie großflächige Holz-Spanelemente gleich gut geeignet.
Als Dachkonstruktion kommt eine leichte, die Holzquerschnitte voll ausnutzende, geneigte Konstruktion in Frage, deren Elemente aus gleichen Brettquerschnitten durch Nageln oder Leimen verbunden werden können. Das technisch einfach zu beherrschende, schuppengedeckte Kaltdach, durchaus selbsthilfegeeignet und leicht selbst instandzuhalten, eignet sich sicher am besten für den Haustyp.
Innentrennwände sind zweckmäßigerweise nichttragend auszuführen. In Fällen, wo für die Deckenfelder zu große Spannweiten entstehen, können diese durch einfache Holzstützkonstruktionen verringert werden. Holzriegelwände, Metallständerwände mit Gipskartonplatten eignen sich für die Errichtung von nichttragenden Innenwänden ebenso wie Gipsdielen. Hier kann ohne große Schwierigkeiten eine gewisse Variationsbreite bei der Grundrißgestaltung angeboten werden. Die Einfachheit derartiger Konstruktionen macht es möglich, Selbstbauwilligen den reinen Rohbau, bestehend aus Bodenplatte, äußeren Umfassungswänden und eingedecktem Dach samt Grundinstallation zu liefern. Die Investitionen für den Innenausbau können dann von den Bewohnern beliebig verteilt werden.
Die heute bereits geforderte Schalldämmung zwischen Räumen der gleichen Wohnung erscheint ein Luxus, der meist dann notwendig wird, wenn z. B., Bad und Schlafzimmer aneinanderliegen. Abgesehen davon, daß teure Schallschutzmaßnahmen hier durch Absprache der Bewohner ersetzt werden können, ist eine derartige Nähe aber auch grundrißlich zu vermeiden. Betrachten wir den Rohbau ab Erdgeschoßrohboden im Fall des konventionellen Hauses und des L-Haustyps.

Die Kostengegenüberstellung ergibt:

Konventionelles Haus

Summe Mauerwerk	28 500,– DM
Summe Betonarbeiten über Rohdecke KG	17 000,– DM
Summe Dachstuhl	15 000,– DM
Summe Dachdeckerarbeiten	7 500,– DM
Summe Spenglerarbeiten	6 500,– DM
	74 500,– DM

L-Haus

Summe Mauerwerk (inclusive leichte Trennwände)	22 800,– DM
Summe Dachtragwerk (incl. abgehängte Decken)	31 600,– DM
Summe Dachdeckerarbeiten	5 000,– DM
Summe Spenglerarbeiten	6 600,– DM
	66 000,– DM

Somit ergibt der gesamte Rohbau im Fall des konventionellen, unterkellerten Hauses	132 500,– DM
im Fall des nicht unterkellerten L-Hauses	91 000,– DM

Zusätzlich zur allgemeinen Einsparung an Baukosten ist die Einsparnis an Baustelleneinrichtung bemerkenswert. Da wir zur Errichtung des unkonventionellen Baus keine schweren Geräte brauchen, entfallen alle langwierigen Vorbereitungen, wie Krantransport, Kranbahn, Einrichtung und Aufstellung des Krans, mehrmaliger Einsatz von Erdbaugeräten, Einsatz großer Silos, Materialvorhaltung usw. Überschlägt man die bewegten Massen und Gewichte, so würden beim konventionellen Haus bis zu diesem Zeitpunkt der Rohbaufertigstellung insgesamt 1458 t (davon Aushub 714 t) Material unter Energieeinsatz bewegt, während die Gesamtsumme beim L-Haus nur 492 t (davon Aushub 257 t) beträgt.

Wichtig erscheint auch, daß nach Fertigstellung der Bodenplatte sämtliche Betonierarbeiten abgeschlossen sind; wenn erst einmal die äußeren Umfassungswände stehen, ist die gesamte Arbeit des klassischen Erd-Maurer-Betongewerks abgeschlossen. Der gesamte Aufbau ab Oberkante Mauerwerk wird vom Zimmerer montiert, und Kamine und Entlüftungsrohre können als leichte Fertigbauteile beim Dacheindecken mitgesetzt werden. Die inneren Trennwände werden entweder von eigenen Spezialkolonnen versetzt oder, wie erläutert, im Selbstbau errichtet. Nachdem heutige Großblöcke sehr saubere Oberflächen haben, die zwar bislang, vor allem im Fall von Leichtziegelblöcken, aufgerastert geliefert wurden, aber ebenso gut glatt hergestellt werden können, läßt sich bei der exakten Fugenausbildung der gesamte Innenputz einsparen. Anstriche können direkt unter Einbeziehung des belebenden Fugennetzes auf den Rohwandbaustoff aufgebracht werden. Auf Wunsch könnte auch jederzeit die Ausbaukolonne die Blockwände mit Trockenputz belegen. Für den Selbstbauer bleiben hier sowieso alle Möglichkeiten offen.

Der Ausbau

Der Ausbau hat in letzter Zeit das Bauen überproportional verteuert. Die klassischen Elemente Fenster, Rolläden, Türen wurden immer komplizierter. Die Sanitärinstallation hat erheblich, die Elektroinstallation geradezu überproportional zugenommen. Umfängliche, oft unverständliche und total überflüssige Auflagen wirken, ausgehend von den perfektionistischen Vorgaben des Sozialen Wohnungsbaus und der DIN-Normenausschüsse, die nicht selten verlängerte Organe der interessierten Industrie sind, beinahe

Fest verglaste Fensterwand zu einem Innenhof
Foto: Sigrid Neubert

Einfachfenster
an einem Haus in Dänemark.
Isolierscheibe, auf Dichtungsband
an die Ziegelwand gepreßt.
Foto: Andreas Hempel

Rechte Seite:
Einfachste Fensterkonstruktion
an einem 6-Familien-Haus
von R. + D. Thut in München-Perlach

überall verteuernd. Institute (wie etwa jenes für Holzfenster) betrachten die von ihnen vertretenen Bauteile isoliert und als absolut gesetzt.
Heizung wird ständig perfektioniert und teurer geregelt, obwohl einfache Regeltechnik im Effekt ausreichen würde.
In den zuletzt angesprochenen Sparten liegt das Geld buchstäblich im Bau herum. Unser ebenerdiges Haus würde keinerlei Schaden nehmen, wenn ein Großteil seiner Fenster nicht zu öffnen wäre. Hat ein Raum eine Fenstertüre ins Freie des kleinen Gartenhofs, so kann jegliches weitere Fenster des Raumes festverglast sein. Ein einfaches Putzprofil, eingebaut in den Außenputz, nimmt eine Isolierglasscheibe ebenso gut auf wie jeder hölzerne Rahmen. Wird diese Scheibe elastoplastisch eingekittet, so ist sie absolut dicht, bringt den größtmöglichen Lichteinfall und kann im Notfall ebenso leicht ausgewechselt werden wie ein normales Fenster. Wichtig erscheint hier, daß die meist sinnlose und teure Mechanik, die einhändig dreht, kippt usw., entfällt; ebenso sind keine Erstanstriche auszuführen, natürlich auch keine Wiederholungsanstriche. Die meist vorhandene Undichtigkeit zwischen Mauerwerk und Fensterstock, ein alter Schadenspunkt, entfällt ebenfalls.

Einfaches Schiebefenster
an einem 6-Familien-Haus in München-Perlach.
Architekten R. + D. Thut

Linke Seite:
Wohnzimmerfenster eines Hauses in Dänemark
mit feststehenden und klappbaren Teilen

Sollten in Räumen keine Fenstertüren sein, so würden einfache Lüftungsfenster mit zwei Vorreibern und zwei einliegenden Scheren völlig ausreichen. Diese Beschläge kosten Pfennige. Die angesprochenen Fenstertüren zum Hof könnten sehr einfach als Drehflügel mit aufgesetzten Ruderverschlüssen, drei Einschraubbändern und umlaufender Dichtung konstruiert werden. Diese Beschläge sind dauerhaft, pressen gut an und stören überhaupt nicht. Wenn man aufhören würde, Beschläge in die Fensterflügel und Stöcke zu versenken, brauchte man auch keine derartig ungeschlacht starren und unelastischen Holzquerschnitte, wie sie heute üblich geworden sind.

Es ist einzig der Findigkeit der Industrie zu verdanken, daß mit die besten Fensterbeschläge für kleine Fenster, solide Vorreiber, heute kaum mehr verwandt werden. Es läßt sich überhaupt nicht einsehen, warum man derartig einwandfreie, nach seit 3000 Jahren bekannten mechanischen Gesetzen funktionierende Beschläge nicht wieder überall verwenden sollte.

Neben den Gesichtspunkten der Energieeinsparung spielt aber auch die Sicherung von Fenstern und Türen bei Abwesenheit oder nachts eine wichtige Rolle. Unter den von der Industrie angebotenen Bauteilen, so ist festzustellen, gibt es gerade im landwirtschaftlichen Bauwesen einfache und überaus solide Türen und Läden, bestehend aus verzinkten Rohrrahmen mit Holzfüllungen, die nicht nur fiktiven, sondern tatsächlichen Schutz und, bei geschickter Verwendung, auch Wärmerückhalt erreichen. Der Aufwand, am Abend kurz vors Haus zu treten und die Klappen vorzulegen, mit Riegel (im Fall von Festverglasungsflächen), der bei Abwesenheit durch ein solides Vorhängeschloß besser gesichert werden kann als jeglicher Rolladen, ist durchaus vertretbar. Diese robusten Bauelemente können im übrigen auch leicht nachgerüstet und selbst angebracht werden.

Innentüren gibt es heute fix und fertig in Menge. Sie sind meist als Holzumfassungszargentüren, oft sehr praktikabel konstruiert und können bei einiger Sorgfalt versetzt werden, wenn Teppiche oder sonstige Fußbodenbeläge bereits liegen und die Malerarbeiten durchgeführt sind. Dies gilt auch für Schnellbauzargen in Riegelwänden. Man sollte, bei unseren heutigen Möglichkeiten, Innentüren grundsätzlich zu den Möbeln rechnen. Nahezu jeder kann sie selbst montieren oder vom Händler versetzen lassen. Stahlzargen sind leider noch nicht sonderlich einbaufreundlich, obwohl gerade hier, bei richtiger Konstruktion, etwa jener nach dem alten Prinzip der geteilten Autofelge, simpelste und feste Montage möglich wäre.

Überinstrumentiert sind die Türbeschläge, Schlösser, Drückergarnituren. Bei sämtlichen Zimmertüren eines Hauses ist die Schließbarkeit überflüssig.

Ein kräftiger Rollschnäpper oder Magnet hält die Tür ebenso gut zu wie eine mit Schloß kombinierte Türfalle. Ein kleiner Riegel im Bad und im WC ersetzt einen Schlüssel ohne weiteres. Im Gefahrenfall reißt er einfach aus, wenn man fest gegen die Tür drückt, und ist ebenso leicht wieder anzubringen. Statt umfänglicher Drückergarnituren reichen pro Tür zwei Knöpfe. Das sieht gut aus, ist total verschleißfest und kostet fast nichts. Im übrigen kann man je nach Geschmack und Grundrißgestaltung auf eine Reihe von Türen im Haus verzichten. Wir haben schon konstruktionsbedingt keine Keller- oder Speichertür, zum Speicher gibt es nur eine der inzwischen sehr perfektionierten Einschubtreppen. Zwischen Küche und Eßplatz kann eine Tür entfallen, ebenso zwischen Küche und Speisekammer oder zwischen Wohnraum und Gang. Erfahrungsgemäß lassen die meisten Menschen, wenn sie nicht gerade sehr intimen Beschäftigungen nachgehen, ohnehin sämtliche Türen offen. Sollte sich in unserem Haus wirklich irgendwo eine fehlende Tür als unzuträglich erweisen, so stellt dies kein Problem dar; sie ist rasch nachmontiert und zwischendurch leichter aus dem laufenden Haushaltetat bezahlt als die oft nicht gebrauchte Tür der Erstinvestition. Die Haustür kann sinnvollerweise genau wie eine Fenstertür konstruiert sein. Mit einer Verbundscheibe unter Verwendung von Sicherheitsglas oder auch mit Festfüllung ist sie stabil genug. Am Abend oder bei Abwesenheit wird der beschriebene Laden vorgelegt und abgeschlossen. Ein gleichsperrendes Schloß in Haustür und Laden, zwei Schlösser also, sind die einzigen am ganzen Bau.

Wer nun meint, daß diese Lösungen primitiv seien, soll sich einmal in einem Haus umsehen, wie viele der Schlösser nach etwa fünf Jahren Bewohnungszeit noch über Schlüssel verfügen. Er möge sich auch überlegen, wie oft eine Tür abgeschlossen worden ist, dann kann er leicht ermessen, daß hier für nichts und wieder nichts Geld ausgegeben wird.

Im Sanitärbereich haben sich bestimmte Standards herausgebildet, die sicher nicht unvernünftig sind. Gerade die Block- oder Vormontage ganzer Stränge ist zwar nicht übermäßig billig, bringt aber die Ersparnis von teuren Stundeneinheiten bei der Montage, vereinheitlicht und hat Vorteile durch Anordnung auf geringem Raum. Die erheblichste Einsparung in dieser Sparte entsteht durch geschickte Grundrißdisposition und tatsächliches Weglassen von Objekten. Bad und WC zu trennen, erscheint vernünftig. Tendenzen, hier wieder einen Einheitsraum zu schaffen, muß man wohl als rückschrittlich bezeichnen. Ein zusätzliches WC im Bad braucht nicht automatisch montiert zu werden, sollte jedoch als Möglichkeit vorgesehen sein. Dies ist bei Blockmontage keine Schwierigkeit. Sie ermöglicht Nachrüstung, sogar in Eigenleistung. Wird ein Haus von vier Personen bewohnt, so führt ein einziges WC, morgens vor allem, eben doch zu erheblichen Unzuträglichkeiten.

Nachdem Energie ständig teurer wird, scheint es sicher vernünftig, die übliche Badewanne durch eine viel weniger Wasser und vor allem Heißwasser verbrauchende Dusche mit großer, hochgesetzter Wanne, in der Kinder und zur Not auch Erwachsene baden können, zu ersetzen. Dagegen kann auf ein zweites Waschbecken, selbstverständlich samt allen Armaturen, im Bad durchaus verzichtet werden, wenn das eine groß genug ist und vernünftige Abstellflächen hat. Eine wesentliche Einsparung läßt sich durch dezentrale Heißwasserbereitung erzielen. Soll Heißwasser gespeichert werden, so ergibt sich wohl als günstigstes Gerät ein Nachtstromspeicher für den Bedarf des Bades; sonst ist ein Durchlauferhitzer mit Gasbeheizung sicher die sparsame Lösung, obwohl hier ein Abgasschornstein erforderlich wird. Andererseits läßt sich durch Verwendung einer Kombitherme sogar Heizung und Warmwasserherstellung alternierend bewerkstelligen.

Für die Küche ist, sofern sie nicht Wand an Wand mit dem Bad liegt, ein Kochendwassergerät die vernünftigste und sparsamste Quelle für Heißwasser. Hier wird, bei richtiger Bedienung, nur so viel Wasser erwärmt, wie tatsächlich benutzt wird. Tee und Kaffee lassen sich direkt aufbrühen, und Leitungsverluste entstehen überhaupt nicht.

Den Waschmaschinenstellplatz ins Bad, in unmittelbare Nähe der Dusche zu verlegen, ist praktisch und bringt kürzeste Leitungswege. Auf das heute im Duschbereich notwendige Fußbodengully kann auch bei Installation einer Waschmaschine verzichtet werden, da es bei einigermaßen vernünftigem Gebrauch des Baderaums nie in Funktion tritt. Trotz Nichtinstallation der Badewanne darf das Bad flächenmäßig nie kleiner sein als ein Bad mit Wanne, damit, sollte ein Hausbewohner eine Badewanne aus medizinischen Gründen benötigen, diese einwandfrei und leicht nachgerüstet werden kann.

Die Meinung, durch Reduzierung von Fliesenflächen oder Weglassen der ganzen Verfliesung könnten erhebliche Einsparungen erzielt werden, ist nicht unbedingt richtig. Sie stimmt nur dann, wenn, wie heute üblich, unsinnig teure Dekorfliesen in Übermenge, etwa bis zur Decke, verlegt werden. Wir verfügen zwar über ausgezeichnete Anstrichstoffe, diese können aber die Verfliesung nicht ersetzen, da sie meist schlechter sauberzuhalten sind und auch wegen der zu weichen Untergründe leichter beschädigt werden können. Ein beschädigter Anstrich aber sieht nicht nur schlecht aus, er führt auch zur Wanddurchfeuchtung, da die Anstrichschichten filmbildend sind und somit das Wasser in die Wand führen. Reduziert man die

Flächen, indem man nur auf ca. 1,50 m Höhe verfliest, verwendet man preiswertes Material, Fliesen oder auf Netze geklebtes Mosaik, so läßt sich pro Bad ein ansehnlicher Betrag einsparen, ohne daß die Gebrauchstüchtigkeit leidet. Auf Netze geklebtes Mosaik läßt sich überdies mittels der ausgezeichneten im Handel erhältlichen Fliesenkleber auf einigermaßen ebenem Untergrund von jedermann selbst verlegen, was natürlich zu einer weiteren, erheblichen Einsparung führt.

Vergleichen wir die Kalkulation eines heute üblichen Bades mit unserer reduzierten Ausführung, so ergibt sich folgendes Bild:

Bad des konventionellen Hauses

Dekorfliesen bis zur Decke
Bodenbelag Kleinmosaik
Doppelwaschbecken
Badewanne
Bidet
WC
(Sämtliche Sanitärobjekte in farbiger Ausführung)
Kosten 7200,- DM

Bad des L-Hauses

Normale Fliesung bis 1,50 m
Bodenbelag PVC
Großer Einzelwaschtisch
Kombinierte Duschsitzbadewanne
Wand-WC
(Sämtliche Sanitärobjekte in Weiß)
Kosten 3150,- DM

Im WC kann ohne Einbuße an Gebrauchstüchtigkeit auf Fliesung vollständig verzichtet werden. Eine abwaschbare Beschichtung der Wand auf Acryl- oder Latexbasis erweist sich als vollständig ausreichend. Es ist vernünftiger, statt der teuren Fliesung so viel Raum zu geben, daß ein normales Waschbecken eingebaut werden kann. Das WC sollte im Grundriß so angeordnet werden, daß es an die vorgefertigte Installation des Bades anzuschließen ist.

Dann ergibt sich auch auf kurzem Weg die Versorgung des Waschbeckens mit Warmwasser, was den WC-Raum in den Zeiten der Spitzenbelastung morgens zu einem vollwertigen Waschraum macht, wenn ein zweites WC im Bad installiert ist. Während es für das Bad vorteilhaft, aber nicht unumgänglich ist, daß es über Belichtung und Direktbelüftung verfügt, *kann* das WC ohne weiteres dunkel und mechanisch entlüftet sein. Dies bringt Freiheit bei der Grundrißausbildung und ist von der Funktion her besser als ein oft auf der Luvseite liegendes WC-Fenster, das lüftungstechnisch nichts leistet.

Ohne jeglichen Verlust, ästhetisch sogar meist mit Gewinn, läßt sich an den Sanitärobjekten sparen. Die heute sehr oft verwendeten farbigen Objekte sind teuer und wirken im Gebrauch meist schmuddelig. Weiße Objekte zwingen in ganz anderer Weise zur Sauberkeit als die beliebten moosgrünen oder beigefarbenen Keramiken.

Setzt man den bei uns eingeführten Küchenluxus ins Verhältnis zu der in diesen Räumen ablaufenden „Produktion", so ist deren Qualität meist umgekehrt proportional zur Üppigkeit der Ausrüstung. Das heißt, kurz und deutlich, daß in 90 Prozent der Fälle in bestgerüsteten Küchenlabors außer Dosenaufwärmen und Spiegeleibraten nichts geschieht. Die Einbauküchenindustrie samt zuarbeitenden Geräteerzeugern ist eine der Träume ausbeutenden Zulieferindustrien von allergrößter Findigkeit. Bei der Küchenausstattung wird in Größenordnungen investiert, daß man meinen könnte, die Aufwendungen gälten einem wesentlichen Kulturgut oder verhießen eine ganz besondere Art von Freiheit. In Wirklichkeit soll die Küche den „Repräsentationsbereich der Frau" darstellen, während das Auto dem des Haushaltsvorstandes zugeordnet ist. Vollausrüstungen, wie sie heute üblich sind, können im Normalbetrieb überhaupt nicht amortisiert werden. Die gebotenen Möglichkeiten bleiben nahezu immer unausgeschöpft, da sie hinreichen würden, den Bedürfnissen eines Spezialitätenrestaurants mit etwa 30 Sitzplätzen zu genügen. Im Alltag werden diese Zurüstungen kaum jemals eingesetzt. Eine vierköpfige Familie kommt, bei einiger Geschicklichkeit derer, die jeweils kochen oder zubereiten, selbst mit einem Zweiplattenherd, normale Eßgewohnheiten vorausgesetzt, kaum in Verlegenheit. Ein Backrohr reicht aus, um alle auftretenden Situationen zu meistern. Die beinahe obligatorisch gewordene Geschirrspülmaschine, Zivilisationsindiz des heutigen Haushalts, ist für eine Kleinfamilie von vier Personen reiner Luxus. Rechnet man die verbrauchten und ins Abwasser gelangenden Wassermengen, die Heiz- und Bewegungsenergie, die Geräuschbelästigung und den enormen Einsatz schärfster Chemikalien, dazu die Investition, ihre

Verzinsung samt Wartung und Rücklage für das Nachfolgegerät, kalkuliert man also die Totalkosten, dann erkennt man, daß normales Geschirrspülen zum reinen Geschäft wird und der Betrieb eines solchen Geräts außer der Befriedigung eines irregeleiteten Repräsentationsbedürfnisses nichts bringt. Kühlschränke und Gefriertruhen oder -schränke, erhebliche Platz- und Energiefresser im Haushalt, sind schon außerhalb jeder Diskussion. Doch auch hier schadet kritisches Nachdenken nichts. Die meisten angebotenen Aggregate sind zu groß. Sie wären es nicht, wenn langfristig geplant und kostenvergleichend billig in Menge eingekauft würde. Gerade das ist aber nicht die Regel, obwohl in allen Haushaltszeitschriften so getan wird und auch die Verbraucherverbände dies anregen. In der Essensgestaltung steckt heute ein Freiheitsgrad, der bei der sonstigen allgemeinen Disziplinierung und Reglementierung unbewußt ausgelebt wird. Bei der starken Anspannung im Beruf, gerade auch der Frauen, die zusätzlich noch im Haus arbeiten, kann es gar nicht ausbleiben, daß rasch, nebenher, ungeplant und oft nur intuitiv eingekauft wird. Früher, in Zeiten der hauptberuflichen Haushaltsführung, wurden Speisenfolgen über längere Zeit geplant und nach Saison sowie Etatgrundsätzen festgelegt. Damals erforderte die Vorratswirtschaft intensive Überlegungen. Heute, in der Zeit des schnellen Zugriffs, wird der meist zu große Kühlschrank gefüllt und geleert. Waren verderben, wenn sie auf Verdacht gekauft sind und dann vergessen werden, anderes liegt ewig, bis es endlich aus Verlegenheit gegessen wird. Eine Stichprobe in 20 beliebigen Kühlschränken würde zeigen, daß kaum einer intensiv genutzt und planvoll ausgelastet ist. In Tiefkühltruhen und -schränken liegen die Verhältnisse ähnlich; oft altert hier Nahrung, völlig vergessen und unkontrolliert, über Jahre, da ein Umschichten der Vorräte genaue Kontrolle, Auflistung und Systematik erfordert.

Heute angebotene Einbauküchen werben mit ihrem enormen Raumangebot. Dies ist nicht etwa von Haus aus nützlich, sondern schafft Ablageflächen, die dann von der Ausrüstungs- und Geräteindustrie gefüllt werden. Wenn man berechnet, wie viele Stunden der durchschnittliche Arbeitnehmer bei einer meist nicht sonderlich inspirierenden Arbeit zubringen muß, um von seinem Entgelt ein elektrisches Haushaltsgerät anzuschaffen, das während seiner Lebensdauer kaum mehr Stunden im Einsatz ist als zu seinem Erwerb geleistet werden mußten, dann zeigt sich die völlige Unwirtschaftlichkeit der Überausstattung. Der Vergleich zwischen der Normalausrüstung und dem auskömmlich Notwendigen zeigt, daß sich hier eine bedeutende Einsparungsmöglichkeit bietet. Zwar werden Kücheneinbau und Geräte nicht direkt zur Bauinvestition gezählt; nachdem aber alles insgesamt finanziert werden muß, ist es ziemlich gleichgültig, wo die Kosten entstehen. Dreiplatten- oder Brennstellenherde mit Backrohr, preiswert auch als Mulde und getrenntes Backrohr, sind ausreichende Grundgeräte. Die alte Doppelspüle mit Abtropffläche, Schlauchbrause sowie Kochendwassergerät fürs Heißwasser ist unvergleichlich viel billiger als die Spülmaschine und ersetzt diese völlig, zumal ja auf eine Spüle wegen der Töpfe ohnehin nicht verzichtet werden kann. Ein nicht zu großer Absorberkühlschrank macht keinen Lärm, heizt sogar zusätzlich und reicht aus, um die leichtverderblichen Vorräte zu lagern. Die kleine, mit Regalen versehene Speisekammer leistet mehr als zu teure Geräte. Beleuchtung und Steckdosen lassen sich zusammenfassen. Werden in einer Küche zwei Steckdosen eingerichtet, so reicht dies normalerweise völlig. Eine Gleichzeitigkeit ist kaum jemals beim Geräteeinsatz gegeben. Die übliche Deckenleuchte kann ohne weiteres entfallen, eine Leuchtstoffröhre über dem Arbeitsplatz ist wirksamer und leuchtet den nicht allzugroßen Küchenraum ohne weiteres aus. Die heutigen Richtlinien, nach denen auf jede dritte Fliese einer sozialen Wohnungsbauküche eine Steckdose kommt, sind im Grund mißbräuchliche Verkaufsförderung. Man hat es fertiggebracht, die Anschlußwerte eines normalen Haushaltes von 1 kW auf 8 kW hinaufzutreiben. Dies wäre noch verständlich, wenn die Produktivität in Haushalten erheblich angewachsen wäre. Davon kann aber keine Rede sein. Nahezu sämtliche Nahrungsmittel sind heute vorkonfektioniert. Die Arbeitsteiligkeit hat sich in steigendem Maß der Haushalte bemächtigt. Das üppige Kochbuch- und Rezeptunwesen zeigt dies deutlich. Hier werden Wünsche nach Ganzheit, Unabhängigkeit und Kreativität vermarktet und finden reißenden Absatz, ohne daß im Alltag jemals nach den vielfältigen Anweisungen gearbeitet wird.

Ausgedehnt, aber technisch oft sehr fragwürdig überzieht Elektroinstallation unsere Bauten. Dies beginnt beim seit einiger Zeit obligatorischen Fundamenterder, dessen Nützlichkeit nicht beim VDE, aber doch bei manchen Fachleuten umstritten ist. Ein Gestrüpp von Leitungen, unterteilt in zahlreiche, einzeln abgesicherte Kreise überzieht die Wände. Anders als in den Frühzeiten der Elektrotechnik dürfen heute elektrische Leitungen in zu Wohnzwecken dienenden Räumen nicht mehr sichtbar sein. Dies hat nicht nur ästhetische, sondern auch praktische Gründe. Jede auf der Wand geführte Leitung war, das weiß jeder, der diese Installationsart kennt, eine Quelle von Schwierigkeiten. Sie konnte beschädigt werden, der Schmutz ließ sich nicht sauber entfernen, Malen und Tapezieren sowie Möbelstellung waren erschwert. Optisch führten die Leitungen ein Eigenleben, verliefen oft krumm, querten Decken. Der Eindruck war dürftig. Da man die verdeckten Leitungen von vornherein, vor dem Putzen, verlegen mußte und nicht nachinstallieren konnte, ging man, angefeuert von einer marktbeherrschenden Industrie, dazu über, die Wände mit Leitungen, Steckdosen, Auslässen geradezu zu spicken. Zusätzlich traten im Schwachstrombereich Kommunikationssystem – Telefon, Fernsehen, Antennen, Türlautsprecher- und öffner und ähnliches – auf. Die Kosten für Elektroinstallation wachsen in steigenden Prozenten mit den Baupreisen. Wir können in unserem hypothetischen L-Haus sehr vieles, ja, beinahe das meiste von der üppigen Elektroinstallation vergessen.

Die elektrischen Leitungen lassen sich von der Zählung aus einem weniger wichtigen Raum, z. B. der Speisekammer, auf Putz, in einem Kunststoffkanal gesammelt, zur Verteilung führen. Von dort können sie, in Fußleistenblenden aus Holz oder Kunststoff zusammengefaßt, in sämtliche Wohnräume weitergeführt werden. Solche Aufputzverlegungen, die dann mit geeigneten Mitteln abgedeckt werden, sind leicht nachrüstbar. In die Abdeckblenden lassen sich auch alle Steckdosen und gegebenenfalls – hierfür müßte man einen Schalter entwickeln – auch die Schalter einbauen. Sämtliche Deckenleuchten können über lose, in den Deckengefachen verlegte Kabel angeschlossen werden. Schalter für diese Leuchten könnte man – Zugschalter vorausgesetzt – oberhalb der Decke anordnen und mittels durchgeführter Nylonfäden ziehen. Noch einfacher wäre es, mit Stehlampen zu beleuchten und die Steckdosenkreise zu schalten. Überdies haben alle Geräte individuelle Schalter, so daß sich hier die verschiedensten Möglichkeiten ohne schwierige Schaltungen kombinieren lassen. Sollte unbedingt Ein- und Ausschalten von verschiedenen Stellen aus erforderlich sein, etwa in Gangbereichen, so läßt sich dies ohne weiteres über ein Stromstoßrelais bewerkstelligen. Wenn die Elektroindustrie auch hierzulande daran ginge, ihre monströsen Schukostecker, deren Erdung nicht einmal unumstritten ist, und die optisch üppigen Schalter durch kleine, leicht einbaubare Modelle zu ersetzen (in der Schweiz, einem der auf diesem Gebiet höchst entwickelten Länder, ist dies möglich), so würde die ganze Elektroinstallation weniger klobig. Ginge man sogar dazu über, fertig installierte Fußleistenpaneele mit Klemmverbindungen anzubieten, dann würde auch die Elektroinstallation zu einer Art jederzeit nachrüstbarem Möbel, welches ganz am Schluß der Arbeiten eingestellt werden könnte.

Verbilligt kann die Installation schon jetzt ohne jede Einbuße werden. Gut 50 Prozent aller aufgewandten Leitungen und Abzweige, Abzweigdosen samt Steckdosen und Schaltern sind überflüssig. Jahrzehntelang waren bewegliche Mehrfachsteckdosen an Verlängerungsschnüren üblich und zu-

lässig. Sie wurden plötzlich aus dem Verkehr gezogen, weil sie einer Erweiterung der Grundinstallation im Weg standen. Ginge es wirklich nur um den Überlastungsschutz, so könnten in derartige Steckdosen ohne weiteres preiswerte Sicherungselemente eingebaut werden. Ohne jede Einbuße an Komfort kann vor allem auf die fixierte Ausrüstung für den höchstdenkbaren Bedarf verzichtet werden.
Im Schwachstrombereich ist außer einer Einführung fürs Telefonkabel der Post alles weitere unnötig. Interne Verteilung ließe sich entweder in den Fußleisten mit der Elektroinstallation zusammenfassen oder über der Decke verziehen. Das gleiche gilt für Fernsehantenne oder Kabelfernsehen. Türlautsprecher und Klingel sind bei unserem hier vorgesehenen Hausmodell ebenfalls überflüssig. Ein Türklopfer funktioniert immer, kostet keine Energie, kann leise oder kräftig bedient werden und ist nicht nur preiswert, sondern gegebenenfalls auch eine Zierde.
Selbstverständlich steht derartigen Ausführungen mit Sicherheit eine große Zahl von Vorschriften entgegen. Warum sollte aber bei uns nicht möglich sein, was in anderen europäischen Ländern durchaus üblich ist und funktioniert, ohne zu übermäßigen Unfällen zu führen? Geht man heute davon aus, daß die Elektroinstallation einer vergleichbaren Wohneinheit insgesamt 12500,– DM kostet, so müßte es möglich sein, den Preis um 30–50 Prozent zu senken.
Als energiewirtschaftlich und von der Investition her gesehen als besonders fragwürdig erweisen sich die derzeitigen Praktiken der Beheizung. Wir haben uns an die gleichmäßige Ausheizung von Bauten gewöhnt und versuchen zur Zeit, mit behördlich angeordneten Steigerungen der Dämmwerte, die rein rechnerisch den Wärmedurchgang von der beheizten Innenseite nach außen hin reduzieren, den Energieverbrauch zu drosseln. Derartig lebensfremde Überlegungen nützen wenig, da sie eine nur theoretisch erreichbare Disziplin in der Hausbenutzung voraussetzen. Schon geringes Fehlverhalten beim Lüften mindert die Energieeinsparung beträchtlich. Die teure Investition wird noch unwirtschaftlicher, als sie ohnehin schon ist. Es geht deshalb darum, für Betriebseinsparungen ein ausgewogenes Konzept zu finden. Hierzu gehört die ausreichende Dämm-, aber auch Speicherfähigkeit der Wandbaustoffe, gute Dämmfähigkeit der Boden- und Deckenbaustoffe sowie die Nutzung von Einstrahlungsflächen, deren Dämmung nicht absolut, sondern variabel gehalten werden muß. Verglaste Flächen mit relativ hoher Wärmeleitfähigkeit haben hier ihre wichtige Funktion, vor allem bei richtiger Lage zur Himmelsrichtung. Fugendichtigkeit und zeitweilige, zusätzliche Dämmungsmöglichkeit, nachts durch Vorlegen von

Fensterläden und Herstellen beruhigter Luftschichten, sind vernünftige Maßnahmen zur Energieeinsparung. Hinzu kommt, daß die gleichmäßige Ausheizung ganzer Häuser unwirtschaftlich ist. Dies führt in der Konsequenz dazu, daß Innentüren relativ dicht sein müssen, was entweder Schwellen oder, bei Schwellenlosigkeit, untere Türdichtungen erfordert. Die Investitionen für Heizung lassen sich in unserem Modellhaus gegenüber konventioneller Auslegung schon bei der Planung erheblich senken. Dabei soll außer acht bleiben, daß für die Gesamtenergieverwertung neue Konzepte gefunden werden müssen. Die übergroße Zentralisation hat hier, wie in den meisten anderen Bereichen, zu Verschwendung geführt. Dezentrale Elektrowärmekraftanlagen mit ihrer Abwärme, die heute nutzlos verlorengeht, können ohne weiteres die neu zu erschließenden Wohngebiete beheizen, von denen am Anfang die Rede war. Um aber nicht in utopische Modellbereiche vorzustoßen, soll diese optimale Möglichkeit nur angedeutet werden. Das von uns angenommene L-Haus wäre ohne Schwierigkeiten über eine Kombitherme aus einer Nische des Bades heraus zu heizen. Diese Therme könnte auch zugleich die Heißwasserversorgung für das Bad übernehmen. Der notwendige Gasschornstein kann gerade an dieser Stelle günstig mit einem Abluftschacht kombiniert werden, was für das im Bereich des Bades gelegene WC und möglicherweise – hier müßte eine Klappe betätigt und der Ventilator gesondert geschaltet werden – auch eine zusätzliche Abluft des Bades, vor allem im Bereich der Waschmaschinennische, mit erbringt. Von besonderem Vorteil erscheint, daß bei geschickter Montage des Abgasrohrs der Therme auch im Sommer eine gewisse Badheizung stattfindet, wenn Heißwasser entnommen wird – ein Komfort, der kostenlos anfällt. Sehr einfach kann die Installation gelöst werden. Im Bereich über der Holzkonstruktion der Decke sind die Leitungen leicht gut isoliert zu verlegen und beinahe beliebig zu verziehen. Die gesamten Kosten für das Herstellen von Schlitzen, das Isolieren von Rohren und das Verschließen von Schlitzen können entfallen. Ordnet man die Heizkörper an den Innenwänden, etwa im Bereich hinter den Türaufschlägen, wo ohnehin nichts zu stellen ist, in Form geschoßhoher, kombinierter Konvektions- und Strahlungsplatten an, so erspart man große Rohrlänge, damit Abkühlungsfläche und auch Isolation. Setzt man dem Heizwasser Frost- und Korrosionsschutzmittel zu, dann besteht auch kein Grund, das bei der Anordnung von Obenverteilung erschwerte Ablassen der Anlage zu fürchten. Kommt es wirklich einmal vor, so muß man bei dieser Installation – einer Einrohrheizung mit Obenverteilung und abgehängten Heizflächen – eben die einzelnen Heizkörper entleeren.

Gerade bei Einrohrheizungen treten oft in der Größe stark unterschiedliche Heizkörper auf; da ließe sich die Optik durch Aufschieben einfacher Blechschürzen, hinter denen vor allem bei kleineren Heizkörpern, die nicht geschoßhoch sein müssen, die Leitungen laufen könnten, verbessern. Diese Blechschürzen könnte man fertig lackieren im Wandton, Heizkörper und Leitungen blieben stets so, wie sie vom Werk geliefert werden.
Viel Geld wird heute auch bei der Regelung verschwendet. Zwar gilt, daß Anlagen mit teuren Brennstoffen fein geregelt werden müssen. Dies bezieht sich jedoch nur darauf, daß stets überall gleichmäßig komfortable Wärme vorherrscht, ohne daß irgend jemand denken und eingreifen müßte. Außenthermostate, Motormischer und was es sonst noch an Feinheiten gibt, sind ohne weiteres einzusparen, wenn grundsätzlich ein Hauptraum des Hauses über einen billigen, zeitabhängig arbeitenden Zimmerthermostaten geregelt wird und die übrigen Räume individuell mit gar nicht besonders teuren Thermostatventilen zusätzlich zu regeln sind. Eine außentemperaturabhängige, automatische Regelung der Vorlauftemperatur ist zwar heiztechnisch optimal. Ist man kostenbewußt und befindet sich vor allem das Heizaggregat in Reichweite, so läßt sich die Vorlauftemperatur auch spielend von Hand nach Tabelle und vorher auf dem Außenthermometer abgelesenen Temperaturverhältnissen einstellen. Eine Auslegung des gesamten Heizsystems für Extremtemperaturen, die jährlich, wenn überhaupt, nur kurzzeitig auftreten, scheint ebenfalls überflüssig. Nachdem in jeder Wohneinheit, dies ist eine der wenigen vernünftigen Auflagen der letzten Zeit, ohnehin ein Notkamin einzubringen ist, wäre es nur vernünftig, sofort eine Brennstelle für Festbrennstoffe, also einen Ofen, einzubauen, auf dem auch gekocht werden kann. Es wird immer unklar bleiben, wie sich der Gesetzgeber die Beschaffung von Öfen in Millionenzahl innerhalb kurzer Zeit vorgestellt hat, wenn die Notkamine wirklich einmal wirksam werden sollen. Nachdem für einen Ofen, ist er erst einmal da, auch gewisse Brennstoffmengen vorgehalten werden, wäre es keine Schwierigkeit, an den extrem kalten Tagen zusätzlich kurzfristig Wärme zu mobilisieren.
Warmluftheizungen, in Amerika bis heute Standardausführung für Einfamilienhäuser, konnten sich bei uns nicht durchsetzen. Die erforderlichen großen Kanäle, Staubtransport und Verkokung, Geräusch- und Geruchsübertragung lassen dies System als überholt erscheinen. Die Warmwasserheizung ist bei richtiger Überlegung und Vermeidung großer Rohrlängen sowie schwieriger verdeckter Leitungsführung sicher wirtschaftlicher, zumal dann, wenn die Wärmequellen in ohnehin nicht nutzbaren Bereichen an den Innenwänden angeordnet werden.

Zu den wesentlichen und vor allem stark variablen Kostenfaktoren gehören heute Estriche samt Dämmungen für die verschiedenen Anforderungen des Schall- und Wärmeschutzes und die Fußbodenbeläge. Im Normalfall benötigt man z. B. über Kellergeschossen ca. 50-mm-Dämmaterial, entweder faserige Dämmplatten (wie Steinwollplatten oder -matten) oder Kunststoffschaumplatten. Vor der Einbringung dieses Materials findet eine Besenreinigung der entsprechenden Decke statt; über den eingebrachten Platten schreibt die DIN eine Lage Bitumenpappe oder eine mindestens 0,2 mm starke Kunststoff-Folie vor. Auf dem so vorbereiteten Untergrund wird nun eine ca. 40 mm starke Platte aus Zement- oder Anhydritestrich eingebracht. Die früher oft gebräuchlichen Heißasphaltestriche, die thermisch unempfindliche Dämmaterialien benötigen, dafür aber wegen erhöhter Biegezugfestigkeit dünnere Schichtdicken ergeben, sind trotz einiger Vorteile in den Hintergrund getreten. Die Einbringung ist eine schwere und schmutzige Arbeit, die niemand schätzt.

Das herkömmliche Estrichlegen ist so arbeits- und materialaufwendig, daß neue, weniger zeitraubende Methoden entwickelt wurden. Besonders ärgerlich sind bei den herkömmlichen Techniken auch die Wartezeiten bis zur Begehungsfestigkeit oder gar Weiterverarbeitungsfähigkeit. So werden inzwischen zahlreiche Verfahren für trocken einzubringende Plattenestriche angeboten, die rasch verlegt sind und vor allem das unsinnige Einbringen von Hunderten von Litern Wasser, die mit dem erdfeuchten Estrichmörtel in den Bau kommen, verhindern. Ein ganz großer Vorteil ist, daß diese Estriche sofort weiterzuverarbeiten sind. Ein Nachteil zeigt sich aber, wie immer beim Einbau sehr differenzierter und qualitativ hochwertiger Baustoffe, darin, daß diese Estriche nach ihrer Verlegung mit mehr Sorgfalt geschützt und behandelt werden müssen als die konventionellen.

Auch bei den feucht eingebrachten Estrichen gibt es Neuerungen. So ist es inzwischen möglich, Estrichmaterial einfach in die Räume zu pumpen oder zu schütten und das mühsame horizontale Abgleichen der durch Zusätze selbstnivellierend ausgerüsteten Estrichmasse zu überlassen. Doch auch hier ist viel Theorie im Spiel. Die wenigsten Unterböden sind planeben, so daß eine gewisse Überestrichstärke eingebracht werden muß, um auch noch an der schlechtesten Stelle die die erforderliche Biegezugfestigkeit garantierende Schichtstärke zu erreichen.

Die alte – und bei richtiger Ausführung bewährte – Konstruktion, mittels auf den Rohboden (der beliebig beschaffen sein kann) aufgebrachter Lagerhölzer, darüberliegenden Dielen oder Platten eine ebene Gehfläche zu schaffen, wird bei Neubauten kaum mehr angewandt. Dieses Verfahren ist wohl handwerklich zu aufwendig. An der Konstruktionshöhe kann es kaum liegen, da schwimmender Estrich samt Dämmung unter 5,5–6 cm, meistens aber 7 cm kaum herzustellen ist. Das gesamte Einbringen von Estrichen geschieht eher kunstlos, ja, primitiv, andererseits sind die Anforderungen an die Sorgfalt, vor allem wegen Vermeidung von Schall- und Wärmebrücken, einigermaßen hoch. Die Konstruktionen sind eine Antwort auf die Funktionstrennung im Tragwerk. Während, um im Beispiel zu bleiben, die Kellerdecke, abgesehen von ihrer Funktion, die Kellerräume oben abzuschließen, nur statisch fürs Tragen bemessen ist, muß die Wärme- und Trittschalldämmung in eigener Schicht angeordnet und wiederum mit einer die Verkehrslasten tragenden Platte abgedeckt werden. Funktionsgetrennte Bauteile sind aber immer teuer und sollten gerade bei einfachen Bauten in der Planung vermieden werden.

Da unser Modellhaus ununterkellert ist und die Dämmung bereits in ausreichender Qualität in der mit dämmenden Zuschlagstoffen versehenen Betonbodenplatte integriert ist, benötigen wir nichts von all diesen vielschichtigen Komplikationen. Als Voraussetzung gilt allerdings, daß die Bodenplatte mit einem Flächenrüttler planeben abgezogen und oberflächengehärtet ist. Auf dieser Platte können wir nach ganz normaler Vorbereitung – vielleicht ist sie doch an einigen Stellen zu spachteln – die endgültigen Oberbeläge aufbringen. Hierfür eignen sich nahezu alle Belagmaterialien, die heute im Handel sind. Besonders günstig sind aber Fußbodenbeläge, die eine gewisse Schichtstärke haben.

Eine der einfachsten Lösungen besteht darin, lose Teppichfliesen, die verschiedene Hersteller anbieten, aufzulegen. Die Beläge lassen sich bei Beschädigung leicht ergänzen und allen Erfordernissen anpassen. Auslegeteppiche, ob es sich um getuftete oder gewebte Ware handelt, werden heute sehr preiswert hergestellt und wegen vorhandener Überkapazitäten oft äußerst günstig abgegeben. In Bereichen, wo sich textile Beläge nicht eignen – etwa in Küche, Bad und WC oder im Eingangsbereich – finden sich von Keramik bis zu Korkplatten genügend leicht verlegbare Beläge, und auch Fertigparkett läßt sich auf dem exakt abgezogenen Unterbeton einfach auflegen. Die aus alten Zeiten herrührende Furcht vor ununterkellerten Konstruktionen ist längst nicht mehr begründet. Die Fußwärme einer Konstruktion hängt ja nicht in erster Linie von der Dämmfähigkeit der Unterkonstruktion ab. Entscheidend ist hier der hohe Wärmedurchgangswiderstand der mit dem Körper in Kontakt kommenden Oberbeläge. Unter Berücksichtigung dieser Tatsache genügt die hier gewählte Grundkonstruktion der Dämmbetonplatte mit Textilbodenbelag allen Anforderungen.

Bei Malerarbeiten kann an der Leistung relativ wenig eingespart werden. Allerdings lassen sich zahlreiche Arbeitsgänge, die bisher recht und schlecht auf der Baustelle stattfanden, in die Werkstatt oder die Fabrik verlagern. Dies gilt für alle Anstriche an Türen und Fenstern sowie für Zargen und andere Einbauteile, z. B. die bereits beschriebenen Heizkörperblenden. Kommen als Deckenuntersichten Holzriemen oder Paneele zum Einbau, so erübrigt sich natürlich ein Anstrich, und, was noch viel mehr ins Gewicht fällt, Unterhaltsanstriche, die später alle paar Jahre erforderlich würden, entfallen für den Deckenbereich während der gesamten Standzeit, was erhebliche Kosten und Mühen spart. Während sich also an Malerleistungen wenig einsparen läßt, könnten die Kosten für die handwerkliche Durchführung dieser Arbeiten an Ort und Stelle fast ganz eingespart werden. Malerarbeiten gehören zu den am leichtesten auszuführenden Eigenleistungen. Man kann heute davon ausgehen, daß der durchschnittlich begabte Wohnbürger, von schwierigen Arbeiten abgesehen, die viele Maler auch nicht mehr beherrschen, mindestens ebenso gut, meist aber sorgfältiger und intensiver streicht als ein Durchschnittshandwerker, der ständig an Neubauten beschäftigt ist.

Die Entwicklung von laiengeeigneten Anstrichstoffen ist ebenso fortgeschritten und erfolgreich wie die des zugehörigen Do-it-yourself-Handwerkzeuges.

Selbstanstriche von Außenbauteilen, mindestens aber die Unterhaltsanstriche von Fenstern sind mit den verschiedenartigen offenporigen Anstrichsystemen von jedem Laien unschwer durchzuführen. Nachdem bei der Ebenerdigkeit des Beispielhauses sämtliche Gerüststellungen entfallen und alles von der Leiter oder von zwei Malerböcken mit darübergelegtem Brett aus gestrichen werden kann, ergibt sich auch hier eine beträchtliche Kostenersparnis.

Schlosserarbeiten, die sonst üblicherweise an herkömmlichen Einfamilienhäusern irgendwo auftreten, entfallen im ebenerdigen L-Haus. Alle sonst üblichen Bauteile, Geländer für Treppen innen und außen, für Balkone, Gitter an Fenstern oder Gartentore fehlen. Die für diese Bauteile in der Regel anzusetzenden Kosten können bauartbedingt zu 100 Prozent eingespart werden.

Zuletzt sehen wir uns die Außenanlage des L-Hauses an. Die kleine Fläche des freien Innenhofs verlangt keine erheblichen Kosten. Die Hausbewohner sollten mit diesem grünen Hof nach Belieben verfahren können. Terrassen vor den zum Hof hin gelegenen Wohnräumen können am einfachsten und brauchbarsten aus kesseldruckimprägnierten Bohlenrosten auf Lagersteinen

und Kiesschüttungen angelegt werden. Diese Bohlenroste kann man in addierbaren Größen beim Baustoffhandel kaufen. Man kann auf ihnen sitzen und liegen, sie sind warm und luftig, trocknen schnell ab, sind ausreichend haltbar und leicht auszutauschen sowie zu ergänzen.
Die Bepflanzung des Gartenhofes kann, abgesehen von Großbäumen, nach und nach vorgenommen werden, ohne daß die gesamte Siedlung schäbig aussieht. Die Großpflanzen würde man allerdings im Interesse der einzelnen Bewohner, aber auch der Gemeinschaft nach einheitlichem Plan anpflanzen, da sich immer wieder zeigt, daß die Liebe von Gartenfreunden zu Pflanzen oft größer ist als ihre Pflanzenkenntnis und daß tüchtige Baumschulen und Gärtnereigeschäfte ohne Rücksicht auf die räumlichen Verhältnisse alles verkaufen, was in ihren Katalogen bunt gedruckt ist. Das Aussuchen

Rechte Seite:
Begrünte Doppelholzzäune vor Reihenhäusern in Sjølund/Dänemark.
Foto: Andreas Hempel

Terrasse an einem 6-Familien-Haus in München-Perlach.
Architekten R. + D. Thut

kleinerer Pflanzen und ihre Anordnung müssen aber den Eigentümern überlassen bleiben. Das die Siedlungsstruktur und Besonnung berücksichtigende Pflanzen großer Bäume wäre dann die einzige kostenerzeugende Maßnahme im Außenanlagenbereich.

Nach Abschluß des Durchganges durch die Gewerkeliste dient es sicher der Verdeutlichung der in unserem unkonventionellen Haus erreichten Einsparungen, wenn nachfolgend in tabellarischer Form die unterschiedlichen Kosten für ein konventionelles Einfamilienhaus üblicher Auslegung und für ein kostenoptimiertes L-Haus gegenübergestellt werden.

Gewerke	Konventionelles Haus	L-Haus
Baustelleneinrichtung	5000,- DM	2000,- DM
Erdarbeiten	5900,- DM	3000,- DM
Beton-Stahlbeton-Isolierarbeiten	63200,- DM	20000,- DM
Maurerarbeiten	26400,- DM	12000,- DM
Zimmererarbeiten	15000,- DM	32800,- DM
Dachdeckerarbeiten	7600,- DM	5000,- DM
Spenglerarbeiten	7700,- DM	6900,- DM
Verputzarbeiten	33500,- DM	10500,- DM
Natursteinarbeiten	7300,- DM	–
Fliesenarbeiten	5600,- DM	1300,- DM
Schreiner- und Glasarbeiten	13000,- DM	8500,- DM
Rolläden-Läden	3500,- DM	800,- DM
Abgehängte Decken	–	10000,- DM
Sanitärinstallation	25600,- DM	14000,- DM
Heizungsinstallation	18000,- DM	12200,- DM
Elektroinstallation	12500,- DM	7600,- DM
Estrich- und Fußbodenarbeiten	12500,- DM	4700,- DM
Malerarbeiten	8700,- DM	6500,- DM
Schlosserarbeiten	4000,- DM	–
Außenanlagen	33000,- DM	18600,- DM
	308000,- DM	176400,- DM

Flächenbedarf

So oder so ist es unerläßlich, die üblichen Wohnvorstellungen hinsichtlich Flächenbedarf, Grundriß und Wohngewohnheiten in Frage zu stellen und daraus Konsequenzen für eine Wohnflächenverteilung und den Grundriß des L-Hauses zu ziehen. Das derzeitig übliche, nach § 7b errichtete Einfamilienhaus hat eine Wohnfläche von ca. 120 bis 156 m². Diese Wohnfläche benutzen im Durchschnitt 3,5 Personen. Nach den Erhebungen des Jahres 1980 stehen in der Bundesrepublik pro Kopf der Wohnbevölkerung 45 m² Wohnfläche zur Verfügung. Wie üppig diese Bereitstellung ist, erkennt man, wenn man erfährt, daß in China pro Kopf 4 m² und in der UdSSR knapp 7 m² pro Kopf der Wohnbevölkerung ausreichen müssen.
Nun zeigt es sich, daß auch bei uns, unter dem Druck der Umstände – Baulandverknappung, mangelnde Produktivitätssteigerung im Baugewerbe und ständiger allgemeiner Preisauftrieb – die konventionell errichteten 45 m² pro Einwohner für Bezieher normaler Einkommen nicht mehr zu leisten sind. Was liegt also, nachdem wir alle Einsparungsmöglichkeiten durch Auflösung der verschiedenen baulichen Komplikationen durchgespielt haben näher, als zu fragen, was der ominöse statistische Bundesbürger mit seinen 45 m² Wohnfläche anfängt und ob er nicht ohne Einbuße an sogenannter „Lebensqualität" auf einen Teil dieser Fläche verzichten könnte, wenn ihn dieser Verzicht, verbunden mit einer Vereinfachung der gesamten Baustruktur, dem Ziel seiner Wohnwünsche insgesamt näher brächte.
Um einen derartigen Vergleich einigermaßen realistisch durchzuführen, soll ein Standardhaustyp mit Erd- und Obergeschoß, ausbaubarem – aber nicht ausgebautem – Dach und Vollunterkellerung gewählt werden, wie er heute hunderttausendfach, selbstverständlich mit Variationen, als am weitesten verbreiteter Einfamilienhaustyp zum Wohnungsbestand der Bundesrepublik gehört. Der Wohnwert dieses schlichten, oft als störend empfundenen und vielgeschmähten deutschen Einheitshauses zwischen Flensburg und Garmisch ist erheblich. Das Haus funktioniert gut und bietet mit geringfügigen Veränderungen im Treppenbereich sogar eine gewisse Variabilität in Nutzung und Belegung. Unser Gebäude hat eine Wohnfläche von 145 m², was beinahe als die Norm angesehen werden kann.
Im Erdgeschoß fallen stark differenzierte Raumgrößen auf; vor allem der Wohnraum mit 26 m² und der angegliederte Eßplatz mit 11 m² erscheinen üppig, obwohl beide Flächen, gemessen an anderen Häusern, noch im

Rahmen bleiben. Im Obergeschoß fällt auf, daß alle Räume monofunktional genutzt, klar abgetrennt und teilweise von der Größe her unzureichend bemessen sind. Dies gilt in erster Linie für die Kinderzimmer. Zwei Kinder erhalten zusammen nicht einmal den Platz, der dem Wohnen (26 m²) eingeräumt wird, obwohl die Funktionen des mit „Wohnen" bezeichneten Raumes wenig deutlich erscheinen.

Was passiert in unseren Wohnräumen? Ist erst das Essen ausgegliedert, in Dielen, Nischen usw., so wird die Hauptfläche eines jeden Hauses, der Wohnraum, eigentlich eher dürftig genutzt. Für die abendliche Fernsehunterhaltung ist der Raum zu groß und zu aufwendig. Für Einladungen mag er brauchbar erscheinen, seine Kapazität ist aber auch hier für den Normalfall erheblich zu groß. Im Grunde hat sich in unseren Wohnräumen teuer bezahlte Repräsentation breitgemacht, vor allem dann, wenn, wie häufig zu beobachten, Wohnräume ganz normaler Familien mit durchschnittlichen Lebensgewohnheiten 40 und mehr Quadratmeter messen und mit Kaminen und allerhand teuren Einbauten ausgerüstet werden. Die Anlässe im Leben einer normalen Familie, die derartige Raumgrößen erfordern würden, sind so außerordentlich selten, daß sie solche Investitionen nicht rechtfertigen. Meist wirken die Räume unwirtlich und dienen nur dazu, die üppige Produktion der Möbelindustrie aufzunehmen.

Hier wirken nach wie vor großbürgerliche Vorbilder, die vor allem über den Film und später über das Fernsehen verbreitet wurden (und werden), tief ins Normalbewußtsein. Wer bei uns „dazugehören" möchte – und wer sich ein Haus baut, möchte natürlich dazugehören –, unterliegt jenem sozialen Anpassungszwang, Repräsentationsfläche auf Kosten von lebensnotwendigem Raum in der Wohnung auszugliedern.

Wir sehen oft staunend ins Ausland, nach Holland, Belgien, England und den skandinavischen Ländern und bewundern dort die Vernunft der Nutzung und Möblierung der Wohnungen und Häuser. Bei unseren Nachbarn ist so manches vernünftiger und menschlicher, dafür aber weniger „fein". Gerade die neue Vorliebe für Gründerzeitwohnungen, die ja, wenn es sich nicht um ausgesprochene Großbürgeretagen handelt, räumlich wenig differenziert sind, läßt darüber nachdenken, ob wir nicht ohne Verlust unsere unflexiblen Vorstellungen über Raumgrößen aufgeben und ändern könnten.

Noch vor einigen Jahren war Flexibilität von Grundrissen eine progressive Forderung jener Architektur, die meinte, mit technischen Tricks menschliche Befreiung erzielen zu können. Man versprach sich Wunder von dieser Entscheidungsverlagerung auf die Wohnpersönlichkeit, deren Artikulationsvermögen heftig überschätzt wurde. Man postulierte einfach einen total

neuen Bewohner, obwohl man kurz zuvor mit offenen Grundriß-Systemen die Erfahrung gemacht hatte, daß sich kaum etwas so zäh ändert wie die Wohngewohnheiten. Die Unbrauchbarkeit dieses angeblich fortschrittlichen Konzepts, das in Wirklichkeit eher auf Konsumsteigerung als auf menschlicheres Wohnen ausgelegt war, trat bald zutage. Der Normalmensch hatte mit der ihm angebotenen Freiheit überhaupt nichts im Sinn. Abgesehen von dieser technisch ermöglichten, potentiellen Flexibilität gibt es eine ganz andere, sehr viel sinnvollere: jene der fehlenden Spezialisierung; sie erscheint als die überlegene und tatsächlich anzustrebende.
Diese Überlegung gilt ganz allgemein für eine große Zahl von Vorgängen oder Anlagen. Im Bereich des Wohnens führt sie zum Versuch, Räume möglichst unspezialisiert und vielfältig nutzbar, in relativ gleicher Größe und ohne besondere Anforderungen an ihre Lage im Grundriß auszuweisen. Diese Tendenz wird zwar durch notwendige Festpunkte mit verstärkter technischer Ausrüstung etwas eingeschränkt, läßt sich aber trotzdem verfolgen. Die variable Nutzung durch Gleichräumigkeit kommt einer Vereinfachung der Konstruktion ebenso entgegen wie der Verringerung des gesamten Flächenbedarfs.
Gehen wir von einer vierköpfigen Familie aus, die das ununterkellerte, erdgeschossige L-Haus bewohnen soll. Sollen standardisierte Raumgrößen angestrebt werden, so ist zu ermitteln, wo der Stellflächenbedarf für die großen Möbel des Wohnprogramms ausreicht. Die Ermittlung ergibt, daß wir zuerst ein vollmöbliertes Elternschlafzimmer bemessen müssen und danach die Standardgröße aller übrigen Räume festlegen können. Ein Raum von 3,60 x 4,20 m² = 15 m² erfüllt hier sämtliche Bedürfnisse. Vier Zimmer des Hauses treten völlig undifferenziert in dieser Größe auf. Eine weitere Fläche gleicher Größe wird als Diele angenommen. Wiederum 15 m² teilen sich Küche und Bad. Eine L-förmige Verkehrsfläche, die gleichzeitig großzügigen Schrank- und Stauraum bietet, erschließt einen Schenkel des L-Hauses, Restflächen werden zu Abstellräumen. Auch ein überdeckter Gartengeräteraum einschließlich Fahrradunterstellmöglichkeit fehlt nicht. Weiteren Stauraum bietet der Speicher über dem breiteren Teil des L. Er kann vom Gartengeräteraum, wo die horizontale Decke fehlt, über eine Leiter beschickt werden. Viel sollte hier allerdings nicht eingelagert werden, da die Zugänglichkeit für den täglichen Gebrauch zu umständlich ist.
Vergleicht man die Schrankstellmöglichkeiten nach laufenden Metern, so lassen sich im Wohnbereich des konventionellen Hauses 13 lfd m Schrank unterbringen, während das L-Haus die Aufstellung von 21 lfd m (Aufstellung in den vollwertigen Abstellräumen nicht gerechnet) ermöglicht.

Ohne sonderlich mit Raum zu geizen, ließe sich hier, wollte man wirklich um Zentimeter feilschen, noch einiges tun, vor allem dann, wenn man die Räume spezialisieren will, was aber vermieden wird, entsteht doch gegenüber dem Normalhaus (Wohnfläche 145 m², Nutzfläche [Kellerfläche] 75 m²) eine reduzierte Wohnfläche von 117,3 m² zuzüglich einer erdgeschossigen Nutzfläche (Abstellräume) von 18 m², die konstruktiv auf die einfachste Weise zu erreichen ist.

Selbstverständlich ließe sich auch ein anderer Haustyp, etwa ein Reihen- oder Kettenhaus, unter den gewählten Gesichtspunkten des Weglassens und konstruktiver Vereinfachung darstellen; unter dem Gesichtspunkt des gesamten Wohnablaufs einschließlich der Nutzung des 130 m² großen Gartenhofes erscheint der hier aufgezeigte Typ aber brauchbarer und kaum weniger erschwinglich.

Mögliche Wohnvarianten lassen sich ohne Änderungen der Grundräume verwirklichen. Da alle Zwischenwände als gipskartonbeplankte Riegelwände oder Gipsdielenkonstruktion konzipiert sind, wäre auch eine beliebige andere Aufteilung bis hin zum Zweiraumhaus mit offenem Grundriß möglich.

Bislang wurden zwar nahezu alle Einsparungsmöglichkeiten einzeln genannt. Nun ist es aber an der Zeit, beide vorgestellten Gebäude vergleichend zu kalkulieren. Sowohl das dem „deutschen Einheitshaus" ähnliche Wohnhaus als auch der L-Typ wurden nach Gewerken mit derzeit üblichen Preisen kalkuliert. Diese Preise mögen in verschiedenen Regionen der Bundesrepublik voneinander abweichen, an der errechneten prozentualen Einsparung wird sich aber wenig ändern. Bei der Kalkulation wurde der Serieneffekt, der im L-Haus auftritt, nicht in Anrechnung gebracht, wohl aber der Umstand, daß aufwendige Baustelleneinrichtungen beim Bau nicht erforderlich sind. Auch Selbsthilfe wurde weder im einen noch im anderen Falle in Rechnung gestellt; es läßt sich aber leicht absehen, daß die Selbsthilfeeignung des L-Hauses größer ist als die des Standardhauses und weitere Einsparungen, vor allem im Ausbau, erbringen kann, die mit 25–28 Prozent der gesamten reinen Baukosten anzusetzen sind.

Inneneinrichtung

Obwohl die Möblierung nicht zu den immobilen Investitionen gehört, sind Überlegungen hierüber doch sehr wesentlich, wenn es darum geht, insgesamt für das Haus eine Kostenreduzierung zu erreichen. Wenn heute Familienhäuser gebaut werden, tritt nach deren Fertigstellung meist eine totale finanzielle Erschöpfung des Bauherrn ein. Alle Reserven, auch die ganz eisernen, sind eingesetzt worden, die Lage ist zuweilen fast hoffnungslos. Doch jetzt soll ja gewohnt werden; wartend, hoffend, sparend und auch zweifelnd hat man sich dem Fertigstellungstermin genähert, und die Vorfreude auf das Ereignis der Hauseinrichtung ist so groß, daß die letzten Dämme der Vernunft meist brechen. Ohne jede Erfahrung in der Bewohnung des eigenen Hauses werden – beraten von den gewieften Möbelverkäufern der in schier unglaublicher Anzahl und Größe in Land und Stadt existierenden Einrichtungshäuser – Glanzpapiervorstellungen gekauft. Die neuen Hausbesitzer machen nach dem Prinzip „jetzt oder nie" Überschulden, um dem neuen Status des Hausbesitzers gerecht zu werden. Meist beginnt man mit der Wohnzimmerausstattung. Die gähnende Leere bei gängiger Grundrißgestaltung von Wohnräumen erfordert Garnituren, die direkt von den Luxusdampferausstattungen der Cunard-Linie abzustammen scheinen. Die alten Möbel mit ins neue Haus zu nehmen und an entscheidender Stelle aufzustellen, käme etwa 90 Prozent der Bauherren so vor, als würden sie völlig verschwitzt ein frisches Hemd anziehen. Zu den üppigen, fernsehgerechten Sitzfestungen kommen Regalmöbel (für die oft der Inhalt fehlt) samt Sideboards, Couchtisch, Blumenbank usw. Den zentralen Altar

Unten und auf den folgenden Seiten: Aus Möbelprospekten 1982

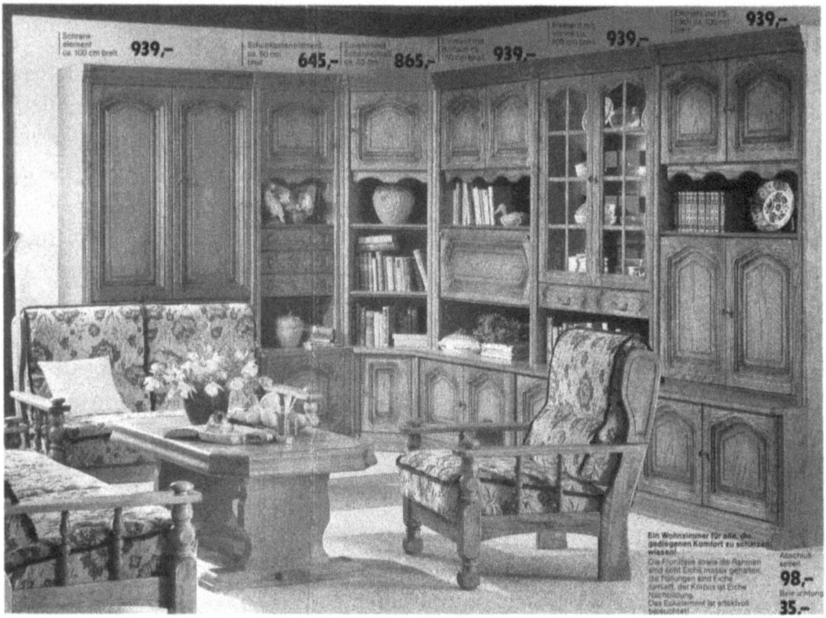
Schrank element ca. 100 cm breit
939,–
645,–
865,–
939,–
939,–
939,–
Ein Wohnzimmer für alle, die gediegenen Komfort zu schätzen wissen!
Abschluß-seiten
98,–
Beleuchtung
35,–

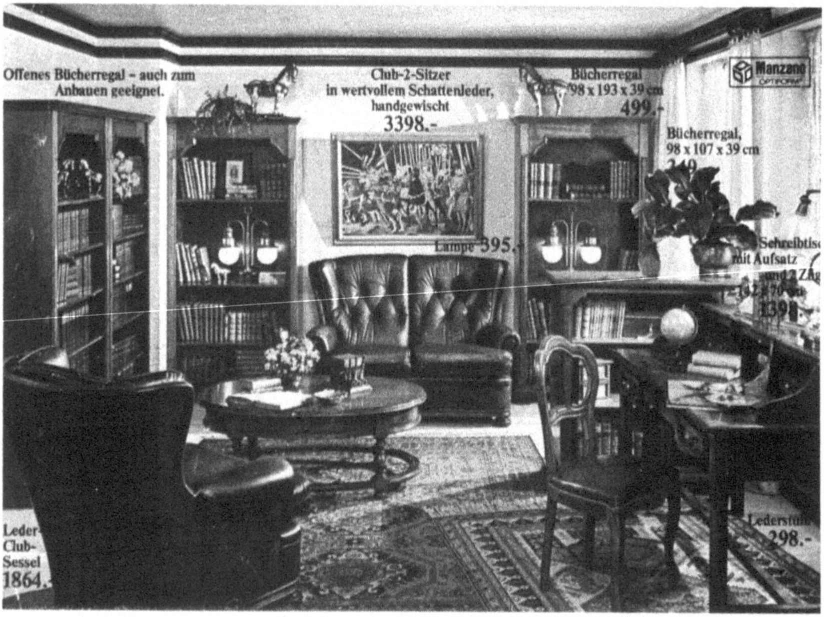
Offenes Bücherregal – auch zum Anbauen geeignet.
Club-2-Sitzer in wertvollem Schattenleder, handgewischt
3398.-
Bücherregal
98 x 193 x 39 cm
499.-
Bücherregal, 98 x 107 x 39 cm
Lampe 395.-
mit Aufsatz
298.-
Leder-Club-Sessel
1864.-

des Neubaus bildet der Maxibildröhrenfarbfernseher (inzwischen stereophon) und auch die bereits vorhandene Musikanlage wird, da den neuen Räumlichkeiten schalltechnisch scheinbar nicht mehr gewachsen, zumindest aufgefrischt, wenn nicht den neuen Bedingungen angepaßt. Ein Perser, seit den sechziger Jahren des letzten Jahrhunderts angestrebter Ausweis bürgerlicher Gediegenheit, rundet – falsch und traurig, teuer und doch um eine Nullstelle vor dem Komma zu billig – den Gesamteindruck ab. Was die Leuchtenindustrie für derartige Gelegenheiten an teurer Gerätschaft bereithält, soll gar nicht erst aufgezählt werden. Nicht einmal bei den Möbelherstellern ist so viel wilde Phantasie am Werke wie hier.

Weiterer Höhepunkt der „Wenn schon, denn schon"-Einrichtungsaktion ist das Elternschlafzimmer. Die Ausrüstung dieses Raumes wäre eines Auftritts vor großem Publikum würdig, doch dazu kommt es nie, da die Eltern zur Erbringung der Raten den luxuriösen Ort vor Tagesanbruch verlassen und müde in eine meist unaufgeräumte Stätte zurückkehren. Daß dieser sehr oft zweitgrößte Raum des Hauses über seine nächtliche Bestimmung hinaus auch als Wohnraum, z. B. für mögliche Nichtfernseher, genutzt werden könnte, erscheint den meisten unvorstellbar. Diese Überlegung würde allerdings auch die Investition des Großraum-Wohnraums, der oft

Ein Wohnzimmer.
Anton P., 37, Mechaniker:
„Ich bin ein ruhiger Typ.
So unauffällig durchs Leben zu schleichen, das liegt mir."

Gabriele P., 20, Friseuse:
„Bevor wir heirateten, haben wir die Wohnung,
Schlafzimmer, Wohnzimmer und Küche, komplett eingerichtet.
Alles zusammen hat uns ungefähr 20000 Mark gekostet.
Wir haben dazu einen Kredit von 12000 Mark aufgenommen."

Ein Wohnzimmer.
Gottfried E., 54, Rentner:
„Wir treffen uns fast täglich.
Unsere Familie hält zusammen."

Fotos von Herlinde Koelbl.
Aus: Herlinde Koelbl, Manfred Sack, Das deutsche Wohnzimmer,
Verlag C.J. Bucher GmbH, München und Luzern 1980

ein Drittel und mehr der gesamten Grundfläche des Hauses einnimmt, zusätzlich absurd machen.
In den Kinderzimmern, so kann man beobachten, scheint dann oft die totale Erschöpfung jeglicher Ressourcen eine Neueinrichtung zu bremsen. Hier geht es, mindestens für die erste Zeit, wenn direkte Konkurrenz fehlt, meist ärmlicher zu. Abgelegtes verwandelt die immer zu kleinen Gelasse in Rumpelkammern, die aber gleichwohl nichts von deren Abenteuerlichkeit an sich haben. Mit einigen billigen, knalligen Zutaten wird dann zusätzlich hergestellt, was unberatene Erwachsene für Kindwelt halten. Im Kinderzimmer schließt sich der Kreis der Barbarei, hier werden die Wohnbarbaren von morgen grundinstruiert. Der kleine Mensch in unserer Gesellschaft ist zwar von der Industrie als Konsument entdeckt worden, im allgemeinen wird aber trotz vielen Geredes und Repräsentationsgehabes mit den Kindern, was ihre Eigenwelt anlangt, wenig Federlesens gemacht.
Im Eingangsbereich des Hauses findet sich – hier ist ja sozusagen öffentlicher Boden – die Flurgarderobe, ein Gegenstand, der seit über hundert Jahren nachhaltig jeglicher Gestaltung trotzt.
Bad und Küche, zwei andere Repräsentationsräume, sind, davon war schon die Rede, ebenfalls nach dem Gesetz „man baut nur einmal" total überausgestattet und „verwohnlicht". Besondere Sorgfalt wird auf Heimtextilien verwandt. Es ist geradezu würgend, welche Scheußlichkeiten an Farbe und Textur in ungeheuren Massen hier an die Frau zu bringen sind. Noch nie seit Erfindung des Webrahmens und -stuhls wurden so erbärmliche Lappen gewoben wie in den letzten zwanzig Jahren. Trotz eifriger Bemühung einer ganzen Spezies von Presse, trotz Wohnberatung und ausgezeichneten Beispielen ist die Flut der Muffigkeit im Steigen, einfach aus dem Grunde, weil all das Muffige teuer wirkt und etwas hermacht und weil ständig neue Gruppen von Menschen die von den besseren und guten Zeitschriften niemals erreicht werden und ihre Ausbildung in den Kinderkammern voller Gerümpel erhalten haben, völlig unvorbereitet und schutzlos vor die ungewohnte Aufgabe des Sicheinrichtens gestellt sind.
Zu allem wird so hart und geschickt verkauft, so suggestiv und unter brutaler Ausnutzung des Sozialdrucks der Aufsteigenden geworben, daß sich nur sehr feste Charaktere oder Vorgebildete aus den ausgeworfenen Schlingen befreien können. Nicht zuletzt die Verkaufsangebote und der Versuch, die Preise der Produkte durch Vergrößerung nach oben zu drücken, bringen es mit sich, daß die vor einiger Zeit noch üblichen Normalgrundrisse und Raumgrößen heute nicht mehr ausreichen, um die scheinbaren Notwendigkeiten aufnehmen zu können.

Man kann eine Sesselgarnitur, bestehend aus vier Sesseln, so aufblasen, daß jeder Sessel 1 m² reine Stellfläche, Bewegungsraum nicht gerechnet, benötigt; ohne jeglichen Bequemlichkeitsverlust reichen aber für vier Sessel insgesamt 1,9 m² reiner Stellfläche durchaus, da die menschliche Anatomie trotz gewisser Schwankungsbreiten starke Ähnlichkeit aufweist. Da die meisten indes ungeschult sind, Einrichtungen zu qualifizieren und nur quantifizieren können, werden ihnen von der Industrie eben vier Riesensessel angeboten, da ja der große Sessel in der Herstellung zwar kaum mehr kostet als ein kompakter, aber wegen seiner größeren Dimensionen einen unangemessen höheren Preis erzielen kann. Geht man davon aus, daß derartige Möblierungsgewohnheiten fortdauern, dann werden die Ansprüche an Wohnflächen eher weiter steigen, denn irgendwo muß der Bürger auf seinen derzeitigen statistischen 45 m² zwischen den Erzeugnissen der Konsumgüterindustrie, Sparte Möbel/Einrichtung, noch hin- und hergehen können. Diese kaum überzeichnete Darstellung führt zu dem Schluß, daß Überlegungen zur Möblierung genau so wichtig sind wie solche zum Grundriß und zur Einsparung von Komplikationen bei der Konstruktion. Unsere im L-Haus vorgenommene Flächeneinsparung, verbunden mit der Flexibilität durch fehlende Spezialisierung, kann nur dann funktionieren, wenn vernünftig, kompakt und auch optisch leicht möbliert wird. Deutschland war einmal berühmt für seine gutgestalteten Serienmöbel, Anbauprogramme und daraus gebildeten Einrichtungen. Namen wie der der „Deutschen Werkstätten" und des „WK-Verbands" stehen seit Generationen für diese Tendenzen, doch die von diesen Firmen angebotene hohe Qualität schneidet, wenn – wie zuvor gesagt – quantifiziert wird, gegenüber den aufgeblasenen Aggregaten des üblichen Angebots schlecht ab. Hohe Qualität verlangt bewußte und wertende Kunden. Alles ist längst erfunden, um kleine Räume, wie sie vor der „Luxusausrüstung" des deutschen Wohnbürgers üblich waren, gut zu möblieren.
Die besten Möbeldesigner und -hersteller des Landes haben seit 1900 versucht, den Geschmack zu veredeln. Niemand müßte in den kleineren Räumen, die das L-Beispiel anbietet, auf Küchenhockern sitzen, und für die Kinder wären endlich nicht nur Abstellkammern, sondern den übrigen gleichwertige Wohnräume vorhanden.
Es wäre zu hoffen, daß gerade unter den jungen Leuten, die heute daran denken, Familien zu gründen, derartige Ideen auf fruchtbaren Boden fallen. Viele zeigen bereits, daß ihnen Einfachheit und Brauchbarkeit wichtiger erscheinen als jene Kleindirektorenrepräsentation, die gesellschaftskonforme Möbelhäuser noch immer mit großem Erfolg verkaufen.

„Sicherheit"

In einer Zeit, die wenig Neigung hat, sich dem Schicksal zu überlassen, da überall Machbarkeit gepredigt wird, stehen Sicherheitserwägungen in allen Bereichen obenan. Sicherheit zu fordern, von oben zu verordnen und üppig zu vermarkten, gehört zu den wesentlichen Beschäftigungen unserer Gesellschaft. Der Bereich des Bauens macht davon keine Ausnahme.
Die oft erheblichen, die tatsächlichen Erfordernisse weit übersteigenden Kosten der Absicherungen werden meist kritiklos hingenommen, ja, sogar akklamiert, zumal sich für den Normalbürger kaum unterscheiden läßt, was tatsächlich sinnvoll für ihn, was nutzbringend für die Versicherungswirtschaft oder vor allem schlichtweg profitabwerfend für die Lieferanten des Sicherheitszubehörs ist.
Jedes neue Schadensereignis, auf welchem Gebiet auch immer, zeugt umgehend erweiterte Sicherheitsauflagen oder -angebote, was sich wiederum wirtschaftsfördernd auswirkt. Nur Zahlungsunfähigkeit oder Streik der Endverbraucher könnten diesen Markt begrenzen. Noch einigermaßen sinnvoll stellt sich der bauliche Brandschutz dar. Dies gilt vor allem für komplexere Gebilde und im Großen gesehen. Immerhin beruhen Brandvorschriften auf uralten Erfahrungen; sie entstanden bereits im Mittelalter anläßlich von Brandkatastrophen.
Obwohl viele dieser Vorschriften einzusehen sind, sind doch immer wieder Merkwürdigkeiten festzustellen. So erscheint es zum Beispiel unerfindlich, warum in zweigeschossigen Einfamilienhäusern Holzbalkendecken, die 2,75 m über dem Erdboden liegen, nicht unterseitig unverkleidet bleiben können, warum kleine erdgeschossige Schulen in den Gängen keine Holzdecken haben dürfen, obwohl man aus jedem Fenster steigen kann, und weshalb etwa Treppenhäuser in niedrigen Wohnungsbauten mit relativ komplizierten Entlüftungsanlagen ausgerüstet werden müssen, obwohl Flucht- und Rettungswege in genügender Anzahl zur Verfügung stehen.
Überall zeigt sich Perfektionismus, der vor allem dem Wunsch nach Verantwortungsverlagerung entstammt und sich um die Angemessenheit von Abwehrmitteln nicht mehr kümmert, sondern nur sicherstellen möchte, daß den Zuständigen kein Verschulden nachweisbar ist.
Der Verdacht solcher Sicherheitsgrundlage verdichtet sich beim Blitzschutz. Noch sind Blitzschutzanlagen nicht allgemeine Auflage. Trotzdem muß der sogenannte „Fundamenterder", eine höchst umstrittene Errungenschaft der letzten 15 Jahre, obligatorisch überall eingebracht werden, obwohl seine Wirkung bei fehlender Blitzschutzanlage gegen Null schwindet.

Fernsehantennen, die häßlichen Signale fortschrittlicher Kommunikationsgewohnheit, an sich hervorragende Blitzfänger, sind bis heute nur in Ausnahmefällen blitzschutzgeerdet, was sich aber sicherlich bei Sättigung des Marktes und auf Betreiben der um Profit- und Arbeitsplatzsicherung bemühten Hersteller bald ändern wird. Dies gilt wohl insgesamt für den Blitzschutz, nachdem das Vordringen des flachen Dachs, dessen raumabschließende Tragwerke meist nicht brennbar sind, sichtlich gebremst ist. Im Zeitalter der Renaissance des geneigten, mit Schuppendeckung und Holzdachstuhl versehenen Daches werden sich bald im wohlverstandenen allgemeinen und insbesondere speziellen Interesse durchgreifende Blitzschutzauflagen einstellen.

Mit etwa 4000 DM Errichtungskosten ist die Abwendung des Blitzes vom Dach eines Einfamilienhauses zwar nicht billig, aber nach vorausgehender Sicherheitsbewußtseinsbildung noch immer preiswert.

Erheblicher Aufwand wird für Verkehrssicherung getrieben. Da für jegliches noch so törichte Fehlverhalten aus rechtlichen Gründen Haftende gesucht werden, sind Motive und Eingriffsmöglichkeiten geradezu ungezählt. Preistreibende Fürsorge erstreckt sich da von der Rutschsicherheit von Gehwegbelägen über die Stababstände des ab drei Stufen anzubringenden Treppengeländers bis hin zu sicherheitswütigen Maßnahmen beim Hausbau selbst. Nicht einmal privateste Nutzung unter Ausschluß der Öffentlichkeit entbindet von der Einhaltung all jener Enthaftungsmittel, die ständig perfektioniert und immer umfassender erzwungen werden.

Über 100 Jahre kamen Aufzüge ohne innere Schutztüren am Fahrkorb aus. Zum Glück für Industrie und Verordnungsgeber klemmte sich irgend jemand mit besonderer Fertigkeit für Unfallgestaltung die Finger ein und kam erheblich zu Schaden; es mögen auch mehrere gewesen sein, was bei der millionenfachen Benutzung von Aufzügen durchaus erklärlich erscheint. Dies rief Konstruktionen hervor, die in technisch abenteuerlicher und oft behindernder Weise vor allem in bestehende Aufzugsanlagen eingebaut werden mußten.

Würde die allgemeine Prophylaxe nicht nur selektiv, sondern deckend angewandt, müßte zum Beispiel der Straßenverkehr seiner statistisch erwiesenen Gefährlichkeit wegen insgesamt rigoros unterbunden werden. Gerade hier zeigt sich, daß wirtschaftliche Interessen mitspielen, und dies keineswegs an letzter Stelle. So gab es Tausende von Jahren in allen Kulturkreisen Stühle mit vier – oft nur drei – Aufstandspunkten. Als der Bestuhlungsmarkt im Arbeitsbereich einigermaßen gesättigt war, entdeckte man plötzlich die Gefährlichkeit des uralten Prinzips und verstieß alle vierrolligen, fahrbaren Bürostühle in die Illegalität. Die Sicherheitsforschung hatte nämlich nachgewiesen, daß nur fünfrollige Stühle den Bewegungen gelangweilter Bürostuhlbesetzer gewachsen sind. Auf alle Einwände, hier sei Auftragsbeschaffung und Geldschneiderei am Werk, entgegnen die Statistiker der von uns in die Verantwortung gesetzten öffentlichen Hände, daß fehlende Sicherheit für die Allgemeinheit wesentlich teurer und vor allem unproduktiver sei als die Umrüstung aller Büros auf Fünfrollenstühle, zumal diese Neuausstattung konjunkturbelebend und damit steuerabwerfend aufträte. Dieses Argument leuchtet dem längst des Aufsichtselbstaufpassens entwöhnten Staatsbürger sogar ein. Die Erhöhung seiner Sicherheit rührt ihn, sie erscheint ihm als ein Geschenk von oben, obwohl jeder einzelne diesen logisch erscheinenden Schwachsinn teuer bezahlt.

Der neueste private, aber polizeilich befürwortete und versicherungsermutigte Sicherheitsmarkt kommt jedoch erst in letzter Zeit richtig in Schwung. Der Einbruchschutz wird für ein wohlhabend gewordenes Volk mit aufgeweichter Eigentumsmoral zur vordingliche Aufgabe.

Von der Verstärkung des Schließbleches oder Schloßabdeckschildes an der Haustür über die komplette Sicherungsanlage mit elektronischer Freilandüberwachung zur Radarsicherung von Räumen, kontaktgesicherten Fenstern und Türen und zu Ultraschall- oder Infrarotmeldern läßt sich im Sicherheitsbereich alles unterbringen. Man kann mit 25 DM beginnen und mit 25 000 DM noch lange nicht sicher sein. Die Intensität der Sicherheitsbemühung wird mehr und mehr zum Gradmesser der Einschätzung der eigenen Persönlichkeit. Selbstwertbewußte Politiker kommen ohne Leibgarde nicht aus, fehlende „Gorillas" signalisieren fehlende Schutzwürdigkeit und damit Unwichtigkeit. Landhäuser ohne auffällige Alarmgeberleuchten und Sirenen lassen auf gesellschaftliche Geringwertigkeit schließen; fehlende Aggregate weisen nach, daß bei den Bewohnern des entsprechenden Hauses nichts zu holen und also mit ihnen auch nichts los ist. Solide Besitzer haben Werte aufzuweisen, die gegen Diebe verteidigungswürdig sind. Ihr Selbstwertgefühl gebietet ihnen, zusätzlich zu den bereits getätigten Wertinvestitionen auch eine umfängliche Sicherheitsanlage zu installieren. Ungeklärt bleibt bei all der preistreiberischen Wichtigtuerei, welche Mächte sich mit dem eingedrungenen und gemeldeten Dieb weiterbeschäftigen. Übernimmt der gewarnte Eigner die Verteidigung seiner Habe selbst, so kann man ihm unschwer prophezeien, daß er entweder im Krankenhaus, auf dem Friedhof oder, durch die Unverhältnismäßigkeit der von ihm im Falle seines Sieges angewandten Mittel, auf der Anklagebank landet. Die

Hoffnung auf das Eingreifen der öffentlichen Ordnungsmacht, der Polizei, ist wohl meist recht vage. Diese hätte viel zu tun, wenn sie bei der Vielzahl der Anlagen und bei der Unzahl der Fehlalarme stets rechtzeitig und unverdrossen an Ort und Stelle sein wollte. All jene Überlegungen führen dazu, sich mit recht einfachen Maßnahmen zufriedenzugeben.

Das gilt für den gesamten Sicherheitsbereich. Selbstverständlich macht es keinen Sinn, selbst durch Dummheit und mangelhafte Installation Brandherde im eigenen Haus vorzubereiten oder es bei besonders exponierter Lage darauf ankommen zu lassen, ob der Blitz einschlägt oder nicht. Ebenso unsinnig ist es, Wertgegenstände für gelegentlichen freien oder fast unbehinderten Zugriff aufzustellen, und nur Irre werden über wackelige Leitern oder baufällige Treppen in Obergeschosse oder Keller steigen, während eine Treppe mit einem einfachen Handlauf, oft sogar ohne engmaschiges Geländer an der Freiwange, von daran Gewöhnten jahrzehntelang ohne jede Gefahr begangen werden kann. Hier ist im einzelnen Sinn und Unsinn sorgfältig abzuwägen. In den meisten Fällen sind kleinste und billigste Maßnahmen völlig ausreichend. Sich gedankenlos und obrigkeitshörig in Unkosten zu stürzen, um Schicksalsschlägen, die sowieso meist aus ungesicherten Winkeln erfolgen, den Weg zu verlegen und dafür klar absehbare Unbezahlbarkeit oder doch zumindest drückende Schulden auf sich zu ziehen, zeugt von völliger Unfähigkeit, eine vernünftige Güterabwägung vorzunehmen.

Kaminplatz im „Allraum", dem räumlichen Sammelpunkt dreier Familien, die sich zu einer Wohngemeinschaft zusammenschlossen und sich ein gehöftartig gegliedertes Haus bauten.
Architekt Georg Dittrich

5 Selbstbau als wirtschaftliche Möglichkeit und Gelegenheit zu kreativer Selbstverwirklichung

*Von der Leistungsfähigkeit subökonomischer Systeme
und deren Wirkung gegen Verschulung und Professionalismus
Über zu erzielende Ersparnisse,
aber auch einiges zu den Grenzen der Selbstbauidee*

Hat der Kostenvergleich zwischen einem normalen 7b-Haus üblicher Prägung, welches gemäß überall gültigen Abstandsflächen nur auf einem Grundstück von 555 m² zu errichten ist, und dem erdgeschossigen L-Typ (Grundstücksgröße 267 m²) gemäß den Überlegungen der „ästhetischen Ökonomie" schon eine beträchtliche Einsparung bei mindestens gleichem, nach Meinung des Verfassers sogar höherem Wohnwert ergeben, so könnte der Selbstbau darüber hinaus noch zu weiteren Kostenverringerungen führen.

Nachdem, bedingt durch allgemeinwirtschaftliche, technisch hervorgerufene Entwicklungen, realistisch betrachtet nicht mehr genug Arbeit zur Verfügung steht, um die derzeitige Lebensarbeitszeit der Durchschnittsbürger in Anspruch zu nehmen, wird der Anteil an frei verfügbarer Zeit jedes einzelnen in den nächsten Jahren ansteigen. Während bislang die schon heute ermöglichte Freizeit meist konsumptiv genutzt wurde – hier wurden die aus Arbeit erzielten Überschüsse, man möchte sagen: für den einzelnen größtenteils destruktiv umgesetzt –, müssen reduzierte Überschüsse in Zukunft eher produktiv genutzt werden.

Die Idee, bei sinkender Beschäftigung weiter ansteigende Einkommen zu erzielen, mag einzelnen Gruppen auf Kosten der im pluralistischen Konzert schwach Vertretenen gelingen, insgesamt ist sie absurd. Unterhalb der durchorganisierten Volkswirtschaft wird sich wohl bald eine sehr private Subproduktivität ohne hohen Organisationsgrad herausbilden, um die freie Zeit produktiv zu nutzen.

Die Idee, die Überschußzeit durch Bildung, Weiterbildung und erneutes Studium zu füllen – dies würde zur Totalverschulung der Gesellschaft führen – scheint eher die Ausgeburt der Beschäftigungswünsche von zu lange im Bildungsbereich durchgefütterten Wissenschaftspensionären zu sein. Der Normalmensch möchte sinnerfüllt leisten, kreativ sein und das Produkt seiner Leistung begreifen und benutzen können. Hier bietet sich als gesamtwirtschaftlich besonders sinnvolle und produktive Betätigung die Selbstverwirklichung durch selbstgetätigtes Bauen an. Abgesehen von dieser sozialpolitisch-ethischen Überlegung ist auch die wirtschaftliche Seite einer ausgedehnten Selbstbaubewegung nicht zu verachten. Schon jetzt stützt das Do-it-yourself beträchtliche Kapazitäten in Industrie und Handel. Dieser Effekt wird noch wesentlich verstärkt zumal dann, wenn elementierte, frei komponierbare Bauelemente mit besonderer Eignung für den Selbstbau in die Fertigungs- und Vertriebsprogramme aufgenommen werden. Noch ist die Industrie zu sehr auf Professionalisten festgelegt; sie wird aber, vor allem wenn der freie Wettbewerb erhalten bleiben soll, den Selbstbaumarkt ebenso rasch zu bedienen wissen wie alle anderen einträglichen Bereiche.

Schon heute ist Selbstbau, gerade in ländlichen Gegenden, weitverbreitet. Hier wird, mit regionalen Unterschieden, ein Großteil an Wohneinheiten von einzelnen oder von Gruppen selbst gebaut. Und das, obwohl das deutsche Normalhaus eher auf professionelle Errichtung mit Maschineneinsatz zugeschnitten ist. Die ländliche Berufsstruktur gleicht aber dies Manko aus. Bauern sind heute eher Allround-Ingenieure, und die Arbeiter, oft Nebenerwerbslandwirte oder qualifiziert in vielen unterschiedlichen Sparten, sind durchaus fähig, auch mit Erschwernissen fertig zu werden. Dazu bietet das flache Land eine große Zahl von in Bauberufen Tätigen, die ihre reguläre Arbeitszeit in den Ballungsräumen ableisten. So kann der derzeitige, auf traditioneller Basis stattfindende Selbstbau oder Selbstausbau als halbprofessionalisiert bezeichnet werden. Ohne diese vereinten Bemühungen wäre heute auf dem Land das Bauen ebenso unmöglich wie in den Verdichtungsräumen.

Vergleicht man das gegenüber dem meist erd- und obergeschossigen deutschen Normalhaus sehr vereinfachte System des vorgestellten L-Hauses, so bieten sich auch Nichtprofessionalisten, wenn sie nur über Gesundheit, durchschnittliche Geschicklichkeit, Zeit und Willen verfügen, realistische Chancen zur Bauverwirklichung. Schon am Rohbau kann ohne Aufwand und Maschinen gearbeitet werden. Fundamentierung und Bodenplatte sowie Grundleitungen wären wirtschaftlicher professionell herzustellen. Das Aufmauern der Außenwände aus Großblocksteinen ist indes technisch kein Problem. Es ist sinnvoll, dazu fertig gemischten Trockenmörtel mit Wärmedämmzuschlägen einzusetzen, der für das Vermauern gut dämmender

Großblockziegel oder Dämmblöcke ohnehin günstigere Werte bringt als am Ort gemischter Mörtel. Gerade beim Selbstbau spielen die etwas höheren Preise von industriell vorbehandelten Stoffen keine besondere Rolle, da sie oft Maschineneinsatz überflüssig machen und vom Selbstbauer auch sparsamer verwandt werden als im professionellen Betrieb auf der Baustelle. Damit kein Mißverständnis entsteht: Die gemachten Materialangaben stellen nur ein Beispiel aus einer großen Zahl von Möglichkeiten dar. Für das beschriebene Haus eignet sich vom Stampflehm bis zur Fachwerkkonstruktion alles, was bauphysikalisch einwandfrei und darüber hinaus einfach zu bewältigen ist.

Fenster- und Türstürze lassen sich als vorgefertigte Ziegel- oder Leichtbetonstürze ohne Schwierigkeiten zu zweit auflegen. Ein kleiner Flaschenzug, heute schon beim Autozubehör angeboten, an einem Dreibein aus Gerüststangen befestigt, reicht vollständig als Hebezeug, auch für Deckenbalken. Vier Verstellböcke aus Stahlrohr mit aufgelegten Dielen sind die einzig erforderlichen Einrüstmittel, da die Traufhöhe beim erdgeschossigen L-Haus 2,75 m nicht übersteigt.

Auch die zur Errichtung des Dachstuhls notwendigen Zimmererarbeiten sind selbst auszuführen, da mittels der gängigen, leicht zu verarbeitenden Holzverbinder aus verzinktem Stahlblech durch Nagelung alle Anschlüsse einfach und haltbar herzustellen sind. Im übrigen gibt es in Großserie gefertigte Bretterbinder, die an Preiswürdigkeit kaum zu übertreffen sind. Durch ihre Verwendung läßt sich auch eine Deckenbalkenlage einsparen. Wichtig ist hier, daß genaue Montagepläne mit übersichtlichen Beschreibungen und Holzlisten vorliegen, aus denen auch der Ungeübte alles Notwendige entnehmen kann.

Durch die geringen Spannweiten und niedrigen Belastungen sind nirgends große Holzquerschnitte nötig, was Handlichkeit mit sich bringt. Für die Dacheindeckung gibt es – abgesehen davon, daß die meisten Dachpfannen nicht schwer zu verlegen sind – Material, das besonders selbstbau-geeignet ist. Es ist einfach, die zur Aufbringung von Bitumendachbahnen notwendige Schalung auf Sparren oder Binder aufzunageln. Darauf Bitumendachbahnen zu verlegen, dürfte für niemanden eine Schwierigkeit darstellen, da sie mit den notwendigen Überdeckungen auch in kleineren Stücken aufgenagelt werden können. Schon nach der ersten Lage ist das Bauwerk noteingedeckt und kann so im Rohbau überwintern. Eine Endeindeckung zum Beispiel mit Pappschindeln, die sehr leicht und ausreichend haltbar sind und dazu wie Schiefer wirken, kann dann zu beliebiger Zeit aufgebracht werden. Notwendig werdende Spenglerarbeiten lassen sich umgehen, wenn man

Halbfabrikate, Ortgangbleche, Traufbleche, Kamineinfassungen, Rinnen und Fallrohre fertig kauft. Das Ablängen der Blechprofile geht einfach vor sich, Verbindungen lassen sich heute von jedem mit Blindnieten mit zusätzlicher kalter Verlötung oder Verklebung herstellen.

Nicht gut lösbar für Nichtfachleute ist das Aufbringen von Verputz. Es gibt zwar Fertigputze in großer Zahl, die als aufzureibende Pasten in den Handel kommen. Sie sind aber teuer, und es besteht die Gefahr, daß das Material bei den Versuchen, das Verputzen zu erlernen, verdorben wird. Im übrigen hängen die zugesicherten Eigenschaften der Dichtigkeit und Haltbarkeit sehr von der Auftragtechnik ab. Der Selbstbauer wird, wenn er auf Putz Wert legt und nicht eine Verkleidung vorzieht, die er selbst anbringen kann, den Außenputz besser von einer Fachfirma herstellen lassen. Der heute übliche Maschinenputz erfordert Geräteausstattung, der konventionelle dreilagige Außenputz ist zu teuer und überfordert auch das derzeitige Können vieler Handwerker.

Im Innenausbau sind die Selbstbauer wieder unter sich. Alle Trennwände bestehen aus Holzriegeln und Gipskartonplatten oder fertigen Holzprofilpaneelen. Raumabschließende Decken bestehen aus den gleichen Materialien, die auf die an den Deckenbalken oder Bindern befestigten Lattenroste aufgebracht werden. Als Ausrüstung zur Verarbeitung dieser Stoffe ist nicht mehr nötig als Säge und Hammer; eine Handkreissäge stellt hier das erschwingliche Optimum an Maschinen dar.

Türen und Fenster können als marktgängige Fertigfabrikate versetzt werden. Die Abdichtung und Festlegung derartiger Bauteile durch an Ort und Stelle herstellbare Kunststoffschäume ist qualitativ ausgezeichnet und leicht zu bewerkstelligen. Hier wird der Selbstbauer, dem es ja wichtig ist, einen gut abgedichteten Bau zu erhalten, besser und sorgfältiger arbeiten als viele Fachfirmen.

Das Bodenlegen stellt heute ebenfalls geringe Anforderungen. Sollte die gedämmte Bodenplatte des L-Hauses aus irgendwelchen Gründen nicht eben sein oder die Rohbauzeit nicht gut überstanden haben, so genügt das Aufbringen eines selbstnivellierenden Fließestrichs. Dieser braucht nicht schwimmend, sondern nur als Verbundestrich ausgeführt zu werden. Soll Fertigparkett verlegt werden, so ist nicht einmal diese Maßnahme notwendig, eine weiche Ausgleichsschicht auf dem Rohboden genügt für das Aufbringen der Fertigparkettflächen.

Schwieriger wird es mit dem technischen Ausbau. Die Elektroversorgungsunternehmen lehnen nichtprofessionelle Leistungen strikt ab. Das ficht aber Selbstbauer nicht an. Gerade Elektroinstallationen werden seit langem, mindestens in begrenztem Rahmen, beinahe von jedermann ausgeführt. Wenn ein Fachmann Leitungsführung, Verteilung und Dimensionierung der Anlage plant und diese vor Inbetriebnahme durchprüft, bestehen keine erheblichen Gefahren und Schwierigkeiten. Hier lassen sich, wie bei der Beschreibung des L-Hauses dargelegt, gegenüber Normalbauten erhebliche Vereinfachungen erzielen, die eine besondere Eignung zum Selbstbau ergeben. Die gute Zugänglichkeit aller Leitungen ergibt Korrekturmöglichkeiten. Ein nachträgliches Verstärken einzelner Komponenten macht keine Schwierigkeiten.

Heizungsmontage ist letztlich eine Fachleistung. Rohrtrassen zu legen, auch wenn nicht mehr geschweißt werden muß, erfordert Erfahrung. Beihilfe kann hier jederzeit geleistet werden. So ist die Heizkörpermontage eine einfache, aber Sorgfalt erfordernde Arbeit, und das Rohrisolieren besorgt ein an niederen Energiekosten dringend interessierter Selbstbauer sicherlich gründlicher als ein nur an seinen Akkord denkender Isolierer.

Wasser- und Abwasserleitungen selbst zu legen, macht Schwierigkeiten. Hierzu sind immer Geräte notwendig, deren Anschaffung sich für die minimalen Quantitäten des L-Hauses nicht lohnt. Obwohl Blockinstallationen heute noch relativ teuer sind, bringt deren Einsatz auch für den Selbstbauer im L-Haus einiges.

Nachdem die Energiezuführung und die notwendigen Anschlüsse für Elektrizität, Gas, aber auch Wasser ohnehin „hoheitliche Akte" sind und von Fachleuten verantwortlich vollzogen werden müssen, lassen sich diese nicht vermeiden, was aber im Interesse der Sicherheit auch kein Schaden ist.

Alle Verschönerungsarbeiten im Hausinneren können selbst geleistet werden. Dies gilt in erster Linie für Wand- und Deckenanstriche sowie für Tapeziererarbeiten. Türen zu lackieren, ebenso Türstöcke oder Zargen, Fenster und Fensterstöcke, ist nicht jedermanns Sache, wird aber häufig unternommen. Den schwierigsten Teil, das Türenlackieren, kann man durch Verwendung von bereits werkseitig beschichteten Fertigtüren vermeiden. Bei der Wahl richtiger Anstrichstoffe und Auftragemittel sind die übrigen Arbeiten mit einiger Geduld auch qualitativ hochwertig zu erbringen. Wer die Arbeit von Malerfirmen an durchschnittlichen deutschen Neubaustellen als Qualitätsmaßstab nimmt, tut sich meist nicht sonderlich schwer, dieses Niveau zu erreichen oder gar zu überbieten.

Das Fliesen von Bädern auf ebenen Untergründen gehört zu den einfacheren, selbst zu erledigenden Arbeiten. Es gelingt auch Anfängern auf Anhieb in einer Qualität, die sich von der professioneller Verleger nicht oder kaum unterscheiden läßt.

Ein nicht zu unterschätzender Posten beim konventionellen Bauen ist die Baureinigung. Der Selbstbauer wird, indem er, von Fall zu Fall, Sauberkeit und Ordnung herstellt, beträchtliche Mittel einsparen. Was derzeit auf Baustellen durch Schlamperei untergeht, an überflüssig angemischtem Material, weggeworfenen (teilweise teuren) Schrauben und Nägeln, Kabelstücken, Rohren usw., muß ja alles in der Kalkulation untergebracht werden. Der Selbstbauer wird hier viel weniger großzügig wirtschaften, und das Mehr an Zeit, was hierzu aufgewandt werden muß, braucht er ja nicht zu bezahlen.

Sämtliche Arbeiten im Bereich der Außenanlagen können ohne weiteres selbst erbracht werden. Verbundsteinpflaster aus Beton oder Klinkern zu verlegen, ist eine Sorgfaltsarbeit, aber kein Hexenwerk, und den Rüttler ersetzen ein Gartenschlauch sowie ein ca. 1,30 m langer Rundling mit Querholz. Als noch nicht jedes Arbeitsgerät einen eigenen Motor hatte, wurde *auch* eingeschwemmt und mittels hölzernen Stampfers verdichtet. Gartenarbeiten sind für den hart arbeitenden Selbstbauer eher eine Art Erholung. Hier sollte aber jedermann aufpassen, daß er das mühsam eingesparte Geld nicht in eines der üppig florierenden Gartencenter trägt. Die Verlockung dazu ist groß. Eine vernünftige Beratung durch einen Fachkundigen, der am Pflanzenverkauf nicht verdient, kann hier tausende von Mark sparen. Gepflanzt werden soll ja nicht für den Augenblick des Pflanzens oder das Jahr danach, sondern für die Zukunft.

Beim Beschreiben von Selbstbau möchte man als Bauplanungs- und -durchführungsprofessionalist mit jahrzehntelanger Erfahrung am liebsten sofort selbst mit dem Selbstbauen beginnen, so befreiend wirkt der Gedanke. Selbstbauen bringt, wenn die Planung in Ordnung ist und man sich alles genau überlegt hat samt Zeitdisposition, einen Grad an Unabhängigkeit, den man im Baustellenalltag kleinerer, von Professionalisten ausgeführten Bauten nicht mehr kennt. Trotz erheblichen Maschinen- und Energieeinsatzes verlängern sich die Fertigstellungszeiten durch Nichteinhaltung von Terminen und vor allem durch die von Festen geradezu zerhackte eigentliche Bausaison zwischen dem Abklingen des Frostes und dem ersten Schnee ständig. Gerade diese Freizeit zwischen Abklingen des Frostes, Karwoche, Woche nach Ostern, 1. Mai, Pfingsten und angehängte Woche, Christi Himmelfahrt, Fronleichnam und Tag der Einheit, die den Zeitplan des professionellen Baus so herunterbremst, bringt den Selbstbauer nur voran. Daß ihm, verursacht durch die viele Freizeit und häufige Unterbrechung, Schwarzarbeiter in Fülle zur Verfügung stehen, wurmt Regierung und Gewerkschaften.

Wird jedoch in einer Gesellschaft soviel herumgeregelt, so entwickelt sich, wie schon eingangs erwähnt, eine Subökonomie. Dies läßt sich in den ländlichen Bereichen Norditaliens studieren. An dieser Stelle wäre jetzt aus gesellschaftlichem Verantwortungsbewußtsein eine angemessene Warnung vor Schwarzarbeit angebracht. Diese kann leider nicht ausgesprochen werden. Nur Schwarzarbeit samt Selbstbau bringen es fertig, weiten Kreisen in diesem Land die Errichtung von Häusern zu ermöglichen. Die staatliche Gemeinschaft war weder in der Lage eine praktikable Bodenpolitik zu betreiben, noch an den richtigen Stellen Wohnbau zu ermöglichen. Der Staat funktioniert als Umverteiler wie eine der uralten Riementransmissionen des 19. Jahrhunderts. Waren die Riemen ausgeleiert und wurden nicht ständig mit Riemenharz behandelt, so kam von der Kraft der Haupttransmission nichts an der Produktionsmaschine an. Die Hauptwelle lief sinnlos leer, der Riemen klatschte lautstark und wichtig, zog aber nichts.

Hier wirkt die Subökonomie, zu der auch der Selbstbau gehört, effizienter. Es ist recht wahrscheinlich, daß der politisch-bürokratische Überbau die Gefahr, die unter anderem auch aus solcher Direktheit erwächst, erkennt und weitere Professionalisierungen zu erzwingen versucht. Gerade die Diskussionen über eine Auflockerung der Baugenehmigungsverfahren, zum Beispiel in Bayern, haben gezeigt, wie allergisch Professionalisten auf Allgemeinbefreiungen reagieren, die ihren Anspruch in Frage stellen.

Nichts hemmt die Unmittelbarkeit des Zugangs besser als das verschulte, verkammerte Berechtigungswesen, das heute als Parodie aus der Zeit der Zünfte das Land überzieht. Es entspräche durchaus der Gesellschaftswirklichkeit, wenn die Zulassung zum Selbstbau demnächst an das Diplom einer Fachhochschule geknüpft würde. Dies würde den Ruin der Idee gewährleisten. Die Verschulung mit ihren Riten ist nämlich bisher im Lauf der Geschichte hierzulande noch immer mit der Direktheit, mit dem Naheliegenden und Einfachen fertig geworden. Doch diese Erwägungen, so interessant sie sein mögen, führen vom eigentlichen Thema ab, ins Politische.

Es wurde schon betont, daß Planung für Selbstbauer gar nicht wichtig genug genommen werden kann. Alles sollte bedacht sein, über die Bereitstellung von Stoffen, deren Transportmöglichkeit, Kleinmengen, Gewichte, Verarbeitbarkeit bis hin zu Zeitberechnungen, die dem Selbstbauer die Möglichkeit geben, seine Leistung richtig einzusetzen. Nahezu jeglicher Griff muß in einer Art Fibel veranschaulicht werden. Zu groß ist schon die Trennung von Kopf- und Handarbeit. Hier gilt es, Lernhilfen für die Wiedererlangung von fähigen Händen zu geben.

Geradezu entscheidend ist es, durch geeignete Planung Unkompliziertheit sicherzustellen, vernünftige Toleranzen zu ermöglichen, fehlerverzeihende Konstruktionen zu verwenden und überall die Idee des „roh für fertig" mit späterer Nachrüstungsmöglichkeit im Auge zu behalten. Planung kann hier sehr zur Ermöglichung eines Bauerfolges beitragen. Sie sollte dem Selbstbauer das eigene Vorhaben völlig durchsichtig machen.

All diese, übrigens für das gesamte nicht hochtechnisierte Bauen wichtigen Planungsvorgaben, müßten es auch Ungeübten ermöglichen, etwas Ordentliches zustande zu bringen. Dabei sollte bewußt davon ausgegangen werden, daß einzelne bauen. Die Organisation von Laiengruppen ist oft aufreibender als das eigentliche Errichten eines Gebäudes. Genossenschaftliche Zusammenschlüsse zwecks verbilligten Materialeinkaufs oder zur Errichtung der einen oder anderen Gemeinschaftssiedlung sind sicher eine Möglichkeit. Selbstbau sollte indes allgemein in erster Linie als technisch wirtschaftliches Problem des einzelnen betrachtet und nicht zu einer Ideologie der Gemeinschaftsbildung aufgewertet werden.

Will man sich ein annähernd zutreffendes Bild von den Einsparungsmöglichkeiten durch Eigenleistung machen, so rechnet man am besten die Zahl der Arbeitsstunden nach, die ein Selbstbauer als Helfer oder Facharbeiter am eigenen Haus leisten kann. Sind mehrere Mitglieder einer Familie in der Lage mitzuwirken, so kann eine Bewertung nach der Stufung der Leistungsfähigkeit erfolgen. Die durchaus beachtlichen Beträge, die durch Leistungsstundenbewertung entstehen, sind dann von den Gesamtkosten des normal firmenkalkulierten Hauses abzusetzen. Während bei professioneller Bauleistung Unternehmergewinne, Gemeinkosten und Vorhaltungskosten anfallen – dies trifft beim Selbstbauer nicht zu –, wird dieser das notwendige Material wegen der Kleinmengen meist entsprechend teurer erwerben müssen, als dies der Bauunternehmer tut. Dafür wird er andererseits sparsamer mit dem von ihm teuer erstandenen Material umgehen, so daß es durchaus realistisch ist, von den Totalbaukosten eines von einem Unternehmer errichteten Hauses ca. 3–5 Prozent als weitere Ersparnis abzuziehen.

Bei derzeitiger Arbeitszeitbelastung kann ein Selbstbauer, vorausgesetzt, er opfert seine gesamte Freizeit, ca. 1100 bis 1200 Jahresstunden an seinem Bau leisten. Arbeitet er nur während des normalen Urlaubs und an Samstagen, so sinkt seine Leistung auf ca. 650 Stunden. Sollte weitere Arbeitszeitverkürzung eintreten, was derzeit diskutiert wird, so würde sich vor allem die zweite Stundenzahl beträchtlich nach oben verschieben.

Betrachtet man heutige Facharbeiter- oder Monteurstundensätze in Leistungsverzeichnissen, die im Bereich von Ballungsräumen ausgefüllt wurden, so entsprechen 100 Stunden einem vom Kunden zu bezahlenden Aufwand von ca. 3500 DM + MwSt. Es läßt sich also leicht errechnen, wieviel ein Selbstbauer bei vollem Einsatz spart. Etwas reduziert wird die Leistungsfähigkeit des Selbstbauers allerdings durch das Fehlen großer, arbeitsbeschleunigender Maschinen und durch sicherlich vorhandene Ungeschicklichkeit des Nichtprofessionalisten (die es allerdings an den Baustellen genauso gibt), vor allem aber durch Übergenauigkeit, mit der Ungewohntes meist angegangen wird. Daß man aber durch Eigenleistung von 1000 Stunden ohne weiteres 20000 bis 25000 DM einsparen kann, ist als sicher anzunehmen. Da Einsparungen für den Selbstbauer im wesentlichen nur im Lohnbereich möglich sind, stellt sich sofort die Frage nach der Relation von Arbeitszeit und Materialkosten. Hier wird wiederum einfache Planung und für Selbstbauer optimierte Konstruktion relevant. Stimmen alle Voraussetzungen, so scheint es nicht zu optimistisch anzunehmen, daß ein Selbstbauer, gerechnet auf das Basis des L-Hauses, 30 Prozent der Baukosten gegenüber professioneller Errichtung einsparen kann.

Sehr wichtig ist auch die Überlegung, durch angeleitete Selbstplanung Geld zu sparen. Sind die Überlegungen über einfache Selbstbauhäuser erst einmal in Schwung gekommen, so werden bald Musterpläne mit allen Variationsmöglichkeiten, Stücklisten und Materialverzeichnissen entstehen. Einige Beratungsstunden, um die eigenen Überlegungen abzusichern oder gegebenenfalls ein Vorentwurf, müßten als Grundleistung investiert werden. Darüber hinaus bringt jedoch jeglicher Planungsindividualismus wenig, da Varianten optimiert werden können und pseudoindividualistische Abweichungen von solchen Varianten nur unsinnig und kostenträchtig sind.

Einer der größten Vorteile des Selbstbauens ist, daß Häuser nicht sofort total fertiggestellt werden müssen. Während der vom Unternehmer zu errichtende Bau möglichst rasch abgeschlossen werden muß – er wäre sonst unwirtschaftlich, und Haftungsfragen würden unlösbar –, kann sich der Selbstbauer Zeit nehmen. Ist der Bau erst einmal unter Dach, verschlossen, heiz- und beleuchtbar, so sollte er bezogen werden können. Die Ausbauzeit kann sich dann, je nach Leistungsfähigkeit, Zeitbereitstellung und Finanzen, beliebig lang hinziehen, ohne daß für irgend jemanden, außer Unbequemlichkeit, wirkliche Schäden entstehen. Der eine wird lieber rasch fertig sein und dafür Fremdhilfe in Anspruch nehmen, der andere werkt vor sich hin, vermeidet Schulden, perfektioniert sein Eigentum und fühlt sich sinnvoll beschäftigt.

Selbstbau bringt also allerhand zustande, wirtschaftlich, für die Lebensgestaltung und die Selbsterfüllung. Man sollte im Selbstbau aber kein Mittel zur Lösung aller Probleme wohnungspolitischer, sozialer oder gar ethischer Fragen sehen, dies wurde schon gesagt; er stellt in erster Linie eine beachtliche Möglichkeit zur Kosteneinsparung und Wohnraumgewinnung dar. Wenn dabei noch Kreativität und Selbstvertrauen wachsen, so sind dies sehr erfreuliche, stabilisierende und persönlichkeitsbildende Nebenwirkungen.

Dreifamilienhaus in Seifen.
Wintergarten am „Allraum".
Architekt Georg Dittrich.
Siehe dazu auch Seite 102

6 Wo bleibt die Architektur?

*Einige Gedanken
über den Abbau der architektonischen Kolonialherrschaft,
welche seit Mitte des 19. Jahrhunderts das Wohnen bedrückt
Überlegungen zur Entlassung des Wohnungsbaus
aus der Architektur
zum Nutzen des Wohnens und der Architektur*

Bislang wurden zwar die unterschiedlichsten Gesichtspunkte angesprochen, von *Architektur* war aber nicht die Rede. Dies ist nicht etwa eine Unterlassung, sondern geschah mit Absicht. Wohnbau, einst eine Angelegenheit, die mindestens in ihren einfachen Ausprägungen wenig mit Architektur zu tun hatte, wurde in den vergangenen hundert Jahren mehr und mehr zu einem Gegenstand der Architektur. Ansätze dazu gibt es im Städtebau des 19. Jahrhunderts zur Genüge. In unserem Jahrhundert nimmt diese Entwicklung teilweise nahezu dramatische Formen an, so etwa im Wiener Sozialbau der ersten Republik. Hier wird die Wohnzelle in ihrer Häufung, trotz minimaler Abmessungen im einzelnen, insgesamt monumentalisiert, heroisiert und zur großen expressiven Aussage. Solche Tendenz erscheint bei all ihrer Fragwürdigkeit angesichts der historischen Situation des Austro-Sozialismus nur zu verständlich, ja, sogar bewundernswert.
Die Ausprägungen von Monumentalismus der Haussmann-Zeit in Paris etwa oder unsere technoiden, utilitären Versuche, monumental zu werden, jene Wohnraumadditionen bis an die wirtschaftliche Grenze mit strukturierter Wabenfassade oder zusammenfassender Großstruktur, haben jedoch kein verbindliches Ethos, in ihnen scheint kein humanes Anliegen auf. Die Aussage dieser Bauten ist eindeutig anderer Art: sie künden von nichts als von vordergründigem Utilitarismus und von Eitelkeit ihrer Urheber. Darin zeigt sich inhumane Dreistigkeit, in manchen Fällen kaum überbietbare Gemeinheit. Aber auch allgemein gesehen, ist es ein gefährlicher Weg, an sich unbedeutende Kleinstrukturen zu Monumentalgebilden zu addieren. Man sollte derartige Versuche im Wohnbau schnell ad acta legen.
Nun kann man sich fragen, was Überlegungen zur „ästhetischen Ökonomie", des Weglassens von Überflüssigkeiten, mit solch kritischen Erwägun-

gen zu tun haben. Die Antwort braucht gar nicht sonderlich weit hergeholt zu werden. Groß- oder gar Megastrukturen des Wohnens sind nur mit komplexer Technik zu bewältigen. Sie laufen ständig Gefahr, Technik zum Selbstzweck zu machen und ihre menschliche Fracht als „Verkehrslast", wie es in der Statik eher vernachlässigbar heißt, mitzukalkulieren. Vor die Probleme menschlichen Wohnens schieben sich bei solchen Anlässen statische, transporttechnische und allgemein technische Detailfragen, die allesamt, beginnend mit der Energieversorgung, über Ver- und Entsorgung bis hin zum Konstruktionsvorgang und Baudetail sowie zu den Sicherheitsvorschriften bei steigender Größe immer bedeutender werden. Das eigentliche Problem, Menschen angemessene und brauchbare Wohnungen zu gewähren, wird, obwohl Anlaß der Gesamtveranstaltung, sekundär. Fragt man nach den Gründen und nach den Willensakten, die derartigen Unternehmungen vorausgehen, so trifft man sehr schnell auf rein wirtschaftliche Gesichtspunkte. Es stehen Fragen der Wohnausnutzung an erster Stelle, es folgen Erwägungen zur Erreichung größerer Wirtschaftlichkeit durch Masse und Gleichheit und Spekulationen mit einem angeblich nach dem Gesetz der Serie sich einstellenden geringeren Aufwand pro Wohneinheit. Im einzelnen mögen all diese Vorteile zwar durchaus beweisbar sein, in Wirklichkeit handelt es sich aber um scheinlogische Argumente, die ein ganz anders postuliertes Ziel stützen sollen. Geht man den Dingen nach, so werden die verschiedenen Wirtschaftlichkeitsvergleiche im großen Maßstab überhaupt nicht geführt oder, wenn sie schon angestellt werden, von Fall zu Fall manipuliert. Bei Bauherren und Architekten spielt uneingestandenermaßen der sorgsam versteckte Wunsch, die unscheinbaren paar Quadratmeter menschlicher Wohnfläche durch Addition zu monumentalisieren und zum Architekturanlaß zu machen, die Hauptrolle.

In einer egalitären Gesellschaft, die an sich kaum Anlässe für monumentales Bauen hervorbringt – sein Fehlen ist geradezu Indiz der als positiv zu bewertenden, labilen Gleichgewichtslage –, bewirken die Erzeuger von Wohnung, durch umfängliche Technik dazu in die Lage gebracht, finanziell und vor allem human unverantwortlich, ihre gesellschaftsfremde, technoid begründete Monumentalität.

Bauen gehört zu den Tätigkeiten, die vom Anlaß her am wenigsten rational betrieben werden. Die Erzeugnisse kann man einweihen, das bringt Signifikanz und brachte, mindestens bis in unsere Tage, einen gewissen, über das Leben hinaus fortdauernden Ruhm. In einer säkularisierten Zeit bedeutet aber derartiges Verhalten nichts anderes als Anmaßung und Amtsveruntreuung. Die gemeinsam von der Gesellschaft aufgebrachten Mittel sind nämlich wirklich nicht dazu da, daß sich das Gespann von Baufunktionären und Architekten eigene Wünsche erfüllt. Auf seiten der Betroffenen hatte man an jener Wohnbaumonumentalität nie besondere Freude. Dies artikulierte sich selbstverständlich in den historischen Zeiten der großen Wohnungsnot kaum. Noch bis etwa 1970 blieb die Ablehnung schön unter der Decke allgemeiner Stimmlosigkeit. Dann aber äußerte sich das Unbehagen um so lauter. Die großen Investitionen sind indes geschehen, und ein Rückgängigmachen ist unmöglich. Doch nunmehr sind die Anlässe, das Wohnen monumental zu erhöhen, weithin in Mißkredit geraten. Es ist zu hoffen: für immer.

Es ist höchste Zeit, das gesamte Wohnen mit seinen Bauanlässen, wenn es sich nicht gerade um innerstädtische Sanierung handelt, wieder aus der sogenannten „großen Architektur" auszugliedern. Wohnen hat eigentlich nie im wesentlichen zur Architektur gehört, es hat nur zwangsweise daran teilgenommen. Selbst Palladio, der eigentliche Erfinder des Wohnens in Architektur, hatte, betrachtet man seine Villen, nicht selten entsetzliche Mühe, normale Bauernhäuser so aufzurüsten, daß sie seiner neureichen Klientel Eigenwert durch Architektur vermittelten. Dies ging seinen Epigonen, vor allem in der Zeit des Historismus, nicht anders, von den heutigen Nachfolgern gar nicht zu sprechen.

Wohnbau benötigt andere Qualitäten. Er kann auf Signifikanz verzichten, ja, Signifikanz ist ihm gänzlich uneigen, da sich innerhalb der vier Wohnwände sehr Allgemeines möglichst privat abspielt. Er soll vor allem keine Zwänge ausüben. Es bedeutet aber Zwang, wenn in einer hochtechnisierten Gesellschaft auch noch der Wohnalltag durch Stimulation von Bedürfnissen dem technischen Bereich zugeschlagen wird. Wohnen muß etwas Unmittelbares sein, darf keine Bewältigungsprobleme aufwerfen. Ein Haus sollte so angelegt sein, gerade heute, daß es auch reduziert, bei Energieausfall und in Krisen bewohnbar bleibt. Nur so vermittelt es das Gefühl, eine Wand im Rücken zu haben, nach vorn frei zu sein. Diese Sicherheit mag zwar trügerisch sein. Krisen sind heute zu umfänglich, Verflechtungen zu stark, als daß man sie, mit Verbrennen von Leseholz und nach Umgraben des kleinen Innenhofs scheinbar autark geworden, noch abreiten könnte. Indes, allein schon die Illusion, sich so verhalten zu können, ist etwas wert, denn der Mensch lebt in seinen engsten alltäglichen Bereichen von der Hoffnung und nicht von Demonstrationen der Architektur am untauglichen Objekt. Es kann einfach nicht Aufgabe der Architektur sein, bis ins letzte zu wirken. Sie hat weit davor in ihren Betätigungsfeldern des Städtebaus und der Gestaltung öffentlicher Bereiche genug Gelegenheit, Idee und Wirkung zu zeigen, zu repräsentieren, zur Darstellung des Allgemeinen beizutragen. Das kleine Gehäuse sollte nur logisch, möglichst wenig komplex und dadurch befreiend, dazu robust und im Detail schön gearbeitet sein. All diese Forderungen sind auch Teil der Architektur, genauso wie Material, Festigkeit, Struktur und Raum, aber eben nur Teil.

Tessenow war der Meinung, das entsetzliche Durcheinander der Meinungen über gutes oder schlechtes Bauen hätte seinen Grund darin, daß wir uns uneinig seien über das Niedrig-Praktische, und hier sei doch wohl Einigung möglich. Bislang war seine Hoffnung vergeblich. Heute besteht immerhin die Möglichkeit, nachdem wir das „Niedrig-Praktische" in seiner vollen Wucht gemäß der Einigkeit sämtlicher Bauproduzenten, deren Architekten eingeschlossen, erfahren haben, daß wir uns auf irgendeinen kleinen gemeinschaftlichen Nenner einigen. Ein solcher Konsens über künftigen Wohnbau würde die Erwägungen dieses Buches rechtfertigen.

Ausgewählte Literaturhinweise

BayWa, Baustoffe 1981/82; Baustoffe für die Landwirtschaft

Berlepsch-Valendás, von; Hansen: Die Garten-Stadt München-Perlach, München 1910

Biel, F., Wirtschaftliche und technische Gesichtspunkte zur Gartenstadtbewegung, Leipzig

Böhme, H., Prolegomena zu einer Sozial- und Wirtschaftsgeschichte Deutschlands im 19. und 20. Jahrhundert, Frankfurt 1968

Göderitz, Rainer, Hoffmann, Die gegliederte und aufgelockerte Stadt, Tübingen 1957

Hamburger Stadtentwicklungsgesellschaft mbH (Hrsg.), Hamburg Bau '78; Wohnen im Einfamilienhaus

Höfler, H.; Kandel, L.; Linhardt, A., Kostensenkungen im Wohnungsneubau, in: Bauwelt, Nr. 36 (1981)

Kainrath, W., Bemerkungen zu neuen Häusern von Architekt Walter Segal, London, in: ac internationale Asbestzement-Revue Nr. 61 (1971)

Muthesius, H., Wie baue ich mein Haus? München 1917[2]

Ders.: Kann ich auch jetzt noch mein Haus bauen? München 1920

Reichsforschungs-Gesellschaft für Wirtschaftlichkeit im Bau- und Wohnungswesen, Die billige, gute Wohnung, Berlin 1930

Schneider, R., Selbstbau – Zur Bauproduktion im Schatten expertokratischen Bauens. Schriftenreihe des Instituts für Baukonstruktion der Universität Stuttgart, Heft 14 (1976)

Ders.: Selbstbau und Architektur, Kritische Anmerkungen zu einem kritischen Verhältnis, in: Der Architekt 9 (1981)

Von Seidlein, P. C., Schrade, H.J., Freistehende Einfamilienhäuser im Landkreis Freising und ihre energierelevanten Merkmale, München 1981

Tessenow, H., Der Wohnhausbau, München 1909

Wangerin, G.; Weiss, G., Heinrich Tessenow, Essen 1976

Werkbund, Beispiele – Experimente – Modelle – Neue Ansätze im Wohnungsbau und Konzepte zur Wohnraumerhaltung. Lesebuch zum Kongreß in Saarbrücken 1981

Wichmann, H., Aufbruch zum neuen Wohnen, Basel 1978

Abbildungsquellen

Seite 18: aus Tessenow, H., Der Wohnhausbau, München 1909
Seiten 22, 23, 24: aus Muthesius, H., Wie baue ich mein Haus?, München 1917
Seite 27: aus Wangerin, Gerda und Weiss, Gerhard, Heinrich Tessenow, Essen 1976
Seiten 28 bis 35: aus Reichsforschungsgesellschaft für Wirtschaftlichkeit im Bau- und Wohnungswesen, Die billige, gute Wohnung, Berlin 1930

Nachwort zur zweiten Auflage

Seit dem ersten Erscheinen des Buches sind zwei Jahre vergangen. Einiges ist in dieser eigentlich geringen Zeitspanne geschehen. So gab es erhebliche Anstrengungen in Richtung preiswerten Bauens; man könnte beinahe von einem Modischwerden dieser Bemühung sprechen, vor allem, wenn man die formalen Ergebnisse betrachtet. Das wäre, mindestens im Ansatz, die positive Seite.
Negativ und bitter ist das weitere Ansteigen der Arbeitslosigkeit, deutliches Signal für den raschen Strukturwandel einer Wirtschaft, die von der Bedarfsdeckung Abschied nimmt, da die Ausrüstung der Gesellschaft, oberflächlich betrachtet, sichtlich zu komplett ist, um durch Bedarfsweckung weitere Beschäftigung zu schaffen.
Zu bemerken ist ein stetes Anwachsen der Schattenwirtschaft, was nicht verwundert, wenn man weiß, daß bei einer Mark Lohnkosten Nebenkosten in einer Größenordnung von neunundsiebzig Pfennig anfallen. Dabei versetzt selbst diese hohe Abschöpfung den durch totale Umständlichkeit und Überbesetzung gekennzeichneten öffentlichen Apparat nicht in die Lage, die einmal gegebenen Garantien sozialer Sicherheit einzuhalten.
So entstehen merkliche Härten. Die Verfahrensweisen beim Sortieren der Gesellschaft in produktive und unproduktive Teile sind trotz des angeblich noch immer perfekten Sozialnetzes so rigide, daß neue, rasch in relative Armut absinkende Gruppen entstehen: Jugendliche, die an Arbeit gar nicht erst herankommen, „Ausgemusterte", deren Kosten-Nutzen-Faktor nicht mehr „in die Landschaft paßt".
Bei aller zu verspürenden Unruhe und Bewegung liegen herbeigeredete Kontiunität und vordergründig verbreiteter pseudokonservativer Nebel wohlanständig über den Feldern der Gesellschaft. Das Bauen hat seinen Teil

daran. An der allgemeinen Tendenz, modisch, regionalistisch, geschmäcklerisch und insgesamt nach wie vor an den Notwendigkeiten vorbei, dafür aber spekulativ zu bauen, hat sich wenig geändert. Strickmuster der Alsob-Architektur tauchen bereits im Repertoire namhafter Architekten auf, die noch vor vierundzwanzig Monaten als Felsen des funktionalen Bauens in der sacharinsüßen Flut der Nachmoderne zu stehen schienen.
Bauen heute, so schrieb ich, diene wenigstens in den Bereichen des Wohnens nicht architektonischer Signifikanz oder ästhetischer Prägnanz. Für das, was notwendig sei, prägte ich den Begriff der „ästhetischen Ökonomie"; er plädiert für nichts anderes als dafür, mit geringstem Aufwand den weitesten Raum für menschliche Selbstverwirklichung zu schaffen.
Feststellung und Begriff bleiben weiter gültig. Doch der Alltag spielt sich inzwischen noch weit unterhalb dieser Forderungen ab. Noch deutlicher wird die allgemeine Verantwortungslosigkeit jener, die schon zu Zeiten der Hochkonjunktur nur verbal ihrer Verantwortung für Mitmensch, Gesellschaft und Umwelt Ausdruck gaben. Unter Druck geraten durch Verfall des Nachfragemarktes, durch Sättigung also, und zusätzlich durch Überbesetzung des Berufes, wird verkauft, was noch geht. Der Bedürfnisweckung aber dient nun einmal im Konsumbereich die Verpackung.
Die merkwürdige Erfahrung der Konsumgesellschaft, daß Überfluß und Unauskömmlichkeit nur durch eine dünne Membran getrennt sind, zeigt sich auch im Bereich des Wohnens. Angeblich (und wohl auch statistisch geprüft) ist das Gut Wohnung in ausreichender Menge vorhanden. Die Alltagswirklichkeit sieht anders aus. Entweder ist dieses Gut falsch disloziert, hält also Menschen in Landstrichen mit geringem oder fehlendem Arbeitsangebot zurück, oder es stellt sich als zu teuer und damit als nicht bedarfsgerecht heraus.
Mangelnde Voraussicht sozialer, wirtschaftlicher Prozesse und dazu langanhaltende Marktmanipulation durch alle möglichen gesetzgeberisch oder mittels Vorschriften bewirkten Eingriffe führten, wie nicht anders zu erwarten war, zum Umkippen von für stabil gehaltenen Verhältnissen. Mindestens für Arbeitsuchende und Randgruppen werden die Probleme des Wohnens zusehends unlösbar. Trotzdem ist allgemeines Umdenken nicht in Sicht; man hat sich daran gewöhnt, mit Steuermitteln zu reparieren und wesentlichen, grundsätzlichen Problemen technisch zu begegnen. Das aber reicht nicht, wenn erst der bekannte Sprung von der Quantität zur Qualität erfolgt ist.
Offiziell über zweieinhalb Millionen Arbeitslose – beinahe die Hälfte jener Anzahl von Menschen, die in den frühen dreißiger Jahren ohne Arbeit waren

– sind, was Wohnen anlangt, letztlich ohne Chance. Die individuellen Katastrophen: Verlust der Wohnung durch das Unvermögen, neben allen eingegangenen Abzahlungsverpflichtungen die geforderten Mieten zu bezahlen, oder totale Überschuldung des Eigenheimbesitzes, dessen Finanzierung auf anderer Grundlage begonnen wurde und nun nicht mehr durchzuhalten ist, mehren sich. Gerade die Situation solcher Eigenheimbesitzer, die man sich eigentlich als stabilisierendes Element in der Gesellschaft gedacht hatte, ist besonders verzweifelt. So wird das Wohnen, bisher meist ein Problem des Wie oder Wo, zum besonders gravierenden, einzelne Gruppen und letztlich die Gesamtgesellschaft destabilisierenden Problem des Ob, des Wie-lange-noch, ein Problem, das nach rascher, vor allem tiefgreifender Lösung ruft.

Die Mechanismen des Marktes, im Bereich des Wohnens sowieso durch vielerlei Einwirkungen außer Kraft gesetzt und fremdbestimmt, sind, so brauchbar sie für andere Belange sein mögen, nicht geeignet, Verbesserung für sozial Schwache zu leisten. Für allzu viele kommt Hilfe zu spät, wenn man sich nicht bald etwas Ungewöhnliches einfallen läßt.

Wie nie zuvor in der Geschichte der Bundesrepublik wäre Bauen unter dem Gesichtspunkt der „ästhetischen Ökonomie", verbunden mit öffentlich gestütztem Selbstbau, geeignet, Probleme des Wohnens gerade sozial schwacher Gruppen anzugehen. Individuelle Mitwirkung und daraus erwachsende Rechte auf das so entstandene Gut Wohnung wären, über die reine Notwendigkeit hinaus, Werte, die aus einer solchen, von der Gemeinschaft ermöglichten Betätigung entstehen könnten.

Mir erschiene dies sinnvoller als jede rein finanzielle Abgleichung. Zwar wird Wohngeld bezahlt; die derzeitigen Summen bewegen sich in Richtung 3,5 Milliarden; 1,8 Millionen Haushalte beziehen solche Unterstützung. Dieses Abhängigwerden, dieses Ausgehaltenwerden ist kein gesunder Zustand, und letztlich fließen die so zur individuellen Daseinsstützung aufgewandten Mittel der Allgemeinheit einzig auf die Konten der Nutznießer von Bodenspekulation, von Bauverteuerung durch sinnlose Perfektion und verantwortungsminimierenden Vorschriftenwahn. Gerade dies aber kann nicht Sinn der Hilfe sein.

Daß allgemeine Reduktion des Anspruchdenkens, ersatzlose Abschaffung von Normenperfektionismus und geschäftsförderndem Vorschriftenwahn sowie Bereitstellung billigen Baulands unter Verhinderung der üblichen Spekulationsgewinne Voraussetzungen zur Wiedererlangung der Bewegungsfreiheit auf dem Feld des Wohnens sind, braucht eigentlich kaum betont zu werden. Gerade sozial schwache Gruppen bedürfen solch großzügiger Ermöglichung, die sie dann durch Mitwirkung bei der Schaffung eigener, gesicherter Bleibe honorieren könnten. Wertvoller als der wirtschaftliche Nutzen indes – dieser ist im übrigen keineswegs geringzuschätzen – bleibt die Rückgewinnung von selbstbestimmter Aktivität all derer, die in passive Selbstaufgabe abgedrängt zu werden drohen. Keine Gesellschaft läßt ungestraft große Gruppen unverschuldet in Not Geratener zu bloßen Kostgängern verkommen. Das Jahr 1933, unsere eigene Geschichte, sollte uns dies gelehrt haben. Vor der Dringlichkeit und Aktualität der skizzierten Probleme gewinnen die in diesem Buch angestrengten Überlegungen neues Gewicht.

April 1985 Ch. H.

Bauwelt Fundamente

Heinrich Tessenow
Geschriebenes
Gedanken eines Baumeisters. 1982. 190 S. 14 X 19 cm. (Bauwelt Fundamente, Bd. 61.) Br.

Diese Zusammenstellung enthält Auszüge aus Tessenows Schriften. Sie sind seinen Aufsätzen und Büchern entnommen, bringen aber vor allem die wichtigsten, bisher unveröffentlichten Texte und Skizzen aus dem Nachlaß des Architekten, der die Baukunst immer nur als einen kleinen Teil der Kunst, als bescheidenen Teil des Lebens gesehen hat.

William Hubbard
Architektur und Konvention
Modelle zum Verhältnis von Entwurf und Erwartung. 1983. 147 S. mit 54 Abb. 14 X 19 cm. (Bauwelt Fundamente, Bd. 65.) Br.

Die Architektur der Moderne läßt viele Menschen noch immer unberührt; in den Projekten ohne Architekten zeigt sich eine Tradition von konventionellen Erwartungen, welche die Moderne offensichtlich nicht erfüllte; und selbst dort, wo zeitgenössisches Bauen architektonische Traditionen aufgreift (oder lediglich ‚zitiert'), wirken die Resultate oft gekünstelt und unwirklich. William Hubbard versucht in modellartigen Situationen dem Auseinanderfallen von Erwartungen an Architektur seitens der Betrachter und Benutzer und der zeitgenössischen Architektur selbst nachzugehen.

Friedr. Vieweg & Sohn Verlagsgesellschaft mbH · Braunschweig/Wiesbaden

Bei Fragen zur Produktsicherheit wenden Sie sich bitte an:
If you have any questions regarding product safety,
please contact:

Birkhäuser Verlag GmbH
Im Westfeld 8
4055 Basel, Schweiz
productsafety@degruyterbrill.com